붙임 딱지 1

18쪽

운동   공부   독서   그림그리기   음악   춤   만들기   텔레비전

게임기   스마트폰   인형   장난감   공룡   동물   자동차   음식

꽃   잠   행복   사랑   슬픔   즐거움   고민   걱정

37쪽

54쪽

55쪽

80~81쪽

붙임 딱지 2

📍 104~105쪽

📍 111쪽

📍 118~119쪽

붙임 딱지 3

📎 **124~125쪽**

 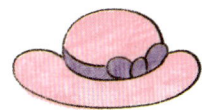   

📎 **144쪽**　　　　　　　　　📎 **147쪽**

   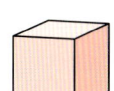

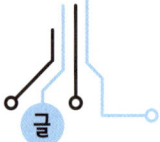

박만구 교수님
- University of Georgia 박사
- 서울교육대학교 수학교육과 교수
- 서울교육대학원 인공지능과학융합전공 교수
- 서울교육대학교 수학교육 연구소장
- 한국수학교육학회 회장 역임
- 한국초등수학교육학회 회장(2023.3.1. ~)
- 2009, 2015 개정 국정 초등수학교과서 연구진 및 학년 대표 집필

김영현 선생님
- 서울교육대학원 영재교육전공 석사
- 현(現) 초등학교 교사
- 서울특별시교육청 영재교육원 수과융합 영재 강사
- 한국과학창의재단 AI교육, STEAM 연구회 연구진

최현정 선생님
- 서울교육대학원 인공지능과학융합전공 석사
- 현(現) 초등학교 교사
- 남양주 정보화교육 활성화 지원단

정현웅 선생님
- 서울교육대학원 인공지능과학융합전공 재학
- 현(現) 초등학교 교사
- SW교육선도학교, AI교육선도학교 운영
- 서울특별시교육청·강서양천교육지원청 AI교육선도교사단
- 서울초등ICT교육연구회, 서울인공지능연구회, AI융합교육연구회 연구진

박성식 선생님
- 서울교육대학원 인공지능과학융합전공 석사
- 현(現) 초등학교 교사
- SW교육선도학교, AI교육선도학교 운영
- 경기SW·AI교육지원센터 교원 운영지원단
- 한국과학창의재단 AI교육, STEAM 연구회 연구진
- 경기도 인공지능 기반 교육연구회 연구진

수학아,
인공지능을 알려 줘!

교과서 수학으로 배우는 인공지능

박만구
김영현
최현정
정현웅
박성식

1
권장 학년 예비 초등

주니어김영사

머리말

책을 펴내여

인공지능은 요즈음 세상의 변화를 이끌어 가는 핵심적인 기술입니다. 오늘날 세상은 이전과 다르게 매우 빠른 속도로 변하고 있습니다. 이제 인공지능은 우리 생활의 거의 모든 부분에서 활용되고 있습니다. 이미 스스로 운행하는 자율 주행차가 거리를 돌아다니고, 인공지능 스피커에게 "조용한 음악 들려줘!" 하고 말하면 조용한 음악을 들려줍니다. 이것이 가능한 것은 인공지능이 많은 데이터를 분석하여 가장 적절한 답을

하기 때문입니다.

그런데 어떻게 인공지능이 이런 일을 할 수 있는지 생각해 본 적 있나요?

"인공지능은 어려운 것이니까 수학자나 공학자에게나 필요하지 나와는 관계없어. 인공지능 제품을 잘 활용하기만 하면 되지."라고 생각할 수도 있을 거예요. 자동차가 움직이는 원리를 몰라도 운전은 할 수 있으니까요. 하지만 운전 중에 차가 갑자기 멈춰 섰다고 생각해 보세요. 자동차가 움직이는 원리를 알고 있다면 간단한 응급 처치로 해결할 수 있는 문제 상황에서는 차를 고쳐 다시 운전할 수 있을 거예요. 그런데 단지 운전만 할 수 있지 자동차가 움직이는 원리를 모른다면 간단한 응급 처치도 할 수 없을 것입니다. 인공지능의 원리를 전혀 모르고 인공지능을 사용하는 것은 마치 자동차가 어떻게 움직이는지 그 원리를 전혀 모른 체 운전하는 것과 같습니다.

앞으로 우리가 살아갈 시대는 '인공지능을 잘 활용하는 사람과 인공지능을 잘 활용하지 못하는 사람'으로 나누어질 것입니다. 인공지능이 어떻게 작동되는지 알고 그 기술을 잘 활용하는 사람은 그렇지 못한 사람보다 삶을 더 편리하고 여유롭게 살아갈 수 있게 될 것입니다. 그래서 앞으로 어떤 직업을 가지고 살아가든 인공지능의 원리를 아는 것은 중요합니다.

이미 영국을 비롯한 대부분의 선진국에서는 유치원이나 초등학교 때부터 많은 시간을 할애하여 인공지능 교육을 하고 있습니다. 우리나라도 2025년부터는 초중고등학교에서 지금보다 더 많은 시간 동안 인공지능 교육을 할 계획입니다.

인공지능의 작동 원리는 수학입니다. 아주 많은 데이터를 처리할 때 컴퓨터를 사용하여 인공지능이 처리하도록 합니다. 이때 인공지능은 데이터를 분석하고 그 특징을 찾아내는 데 수학을 이용합니다. 수학은 인공지능을 작동하게 하는 기계의 엔진과 같습니다.

그래서 인공지능이 어떻게 작동하는지 알려면 수학을 연계하여 이해할 필요가 있습니다.

수학은 인공지능이 일하도록 하는 엔진!

이 책은 '유치원이나 초등학교 수준의 아이들이 인공지능의 원리를 수학과 연계하여 쉽고 재미있게 이해하도록 도와주는 책은 왜 없을까?' 하는 생각에서 시작되었습니다. 실제로 인공지능에 적용되는 수학은 대부분 중학교 이상의 어려운 수준의 수학 내용입니다. 그래서인지 인공지능의 원리를 설명하는 책은 꾸준히 출간되고 있지만 대부분 고등학생 이상을 독자로 하는 책이라 그 내용이 쉽지 않습니다.

이 책은 복잡하고 어려운 수학의 기초가 되는 초등 수학의 교과서 내용을 그대로 적용하여 유치원이나 초등학교 수준의 아이들도 인공지능의 원리를 쉽게 이해할 수 있도록 하였습니다.

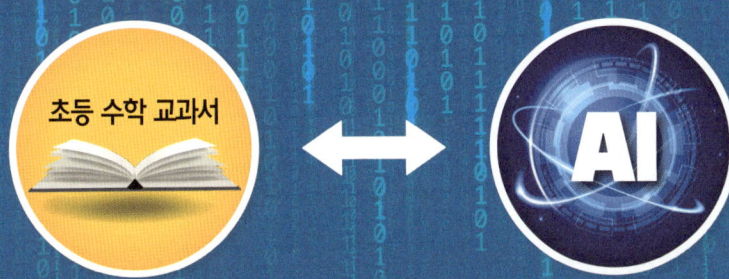

이 책을 통하여 아이들이 수학의 필요성을 느끼며 수학 공부를 하고, 인공지능의 원리를 이해하여 장차 인공지능을 잘 활용할 수 있기를 바랍니다. 또한 다가오는 미래 사회에서 인공지능을 활용하면서 삶을 보다 편리하고 행복하게 살 수 있기를 바랍니다.

수학이, 그리고 인공지능이 아이들에게 보다 쉽고 편하게 다가가기를 바라며

저자 일동

구성과 특징

수학으로 인공지능의 원리를 이해해요!

수학적 사고를 통해 인공지능의 원리를 다시 한번!

수학 활동을 하면서 인공지능의 원리를 이해해요!

수학 활동을 하면서 흥미도 쑥~ 인공지능에 대한 이해도 쑥~

3

학습한 인공지능의 원리를 다양하게 체험할 수 있어요.

함께할 인공지능 로봇과 친구들이에요

인공지능을 직접 체험할 수 있는 **플랫폼** 소개

관련 지식을 쌓을 수 있는 **재미있는 만화** 제공

깨봇

짱봇

유진

하준

재희

가인

차례

1 인공지능을 처음 만나요 • 12

인공지능
#1부터 5까지의 수 #주변의 모양

2 우리 주변을 살펴보아요 • 28

우리 주변의 정보
#1부터 9까지의 수 #숫자

3 순서대로 정리해요 • 46

비교와 정렬
#길이 #무게

4 자동차가 스스로 움직여요 • 64

자율 주행차
#위치 #방향 #모양

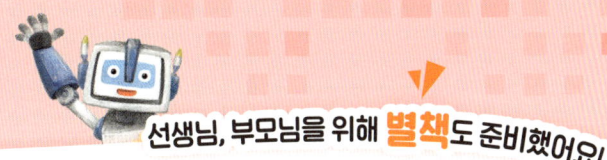

 **인공지능에게 알려 줘요** • 86

지도 학습

#분류 #도형의 특징

 **비슷한 것끼리 모아요** • 108

비지도 학습

#자료 #관찰 #규칙

 **현명하게 판단해요** • 130

의사결정나무

#도형 #수 #수의 크기

인공지능을 처음 만나요

인공지능

- 1부터 5까지의 수를 알아보아요
- 주변의 모양을 관찰해요

인공지능

우리는 여러 가지 생각을 해요.

어떤 것을 고를까?

무엇을 할까?

왜 그럴까?

기계도 사람처럼 생각할 수 있을까요?

아니에요. 기계는 우리가 시키는 일을 열심히 할 뿐이에요.

그렇다면 사람처럼 생각하는 기계를 만들 수는 없을까요?

인공지능은 기계가 사람처럼 생각할 수 있도록 만드는 컴퓨터 기술이랍니다.

생각해 봐요!
★ 우리 주변에는 어떤 기계가 있나요?
★ 인공지능은 어디에서 이용할까요?

우리는 생각을 해요

우리는 생각을 할 수 있어요.
그럼 생각한다는 것은 무엇일까요?

우리는 손가락이 몇 개인지 셀 수 있고,

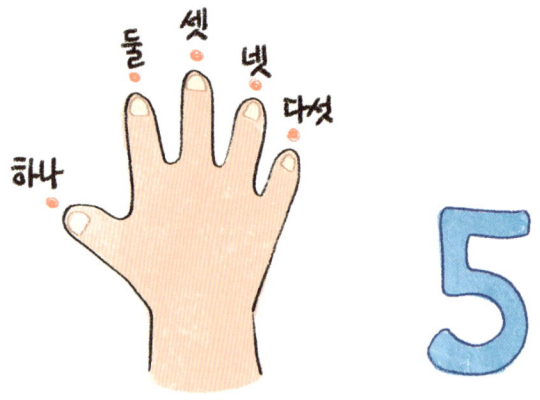

누가 더 무거운지 비교할 수 있고,

알쏭달쏭 퀴즈를 내거나 맞힐 수 있어요.

아침에는 네 발, 점심에는 두 발,
저녁에는 세 발인 것은?

사람!

그리고 하늘을 멋지게 나는 자동차를 만드는 상상도 할 수 있어요.

하늘을 향해 날아 볼까?

우리의 생각은 정말
대단하구나!

여러분은 어떤 생각을 하고 있나요?

나의 생각 주머니를 채워 보세요. 붙임 딱지 1

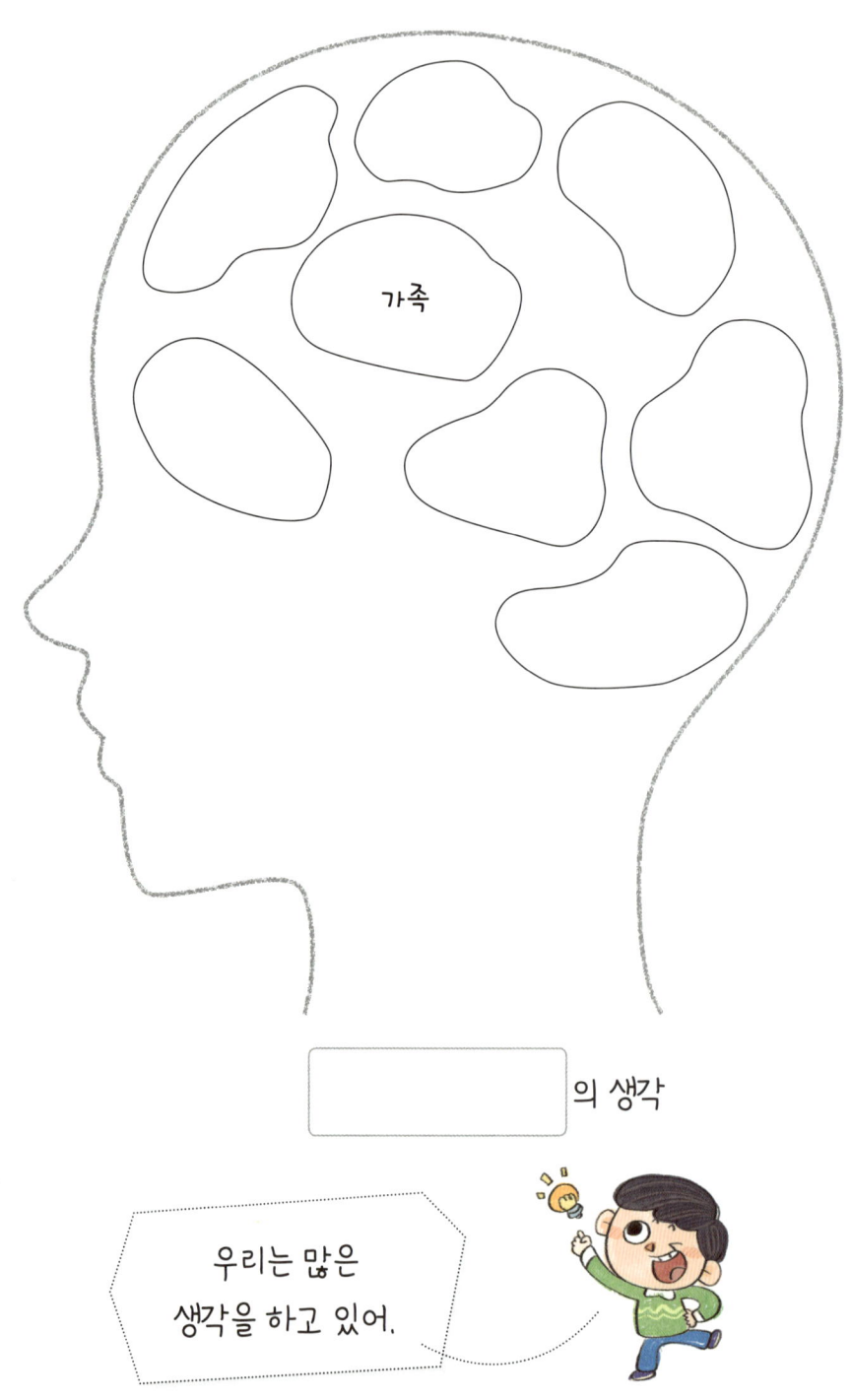

가족

_____의 생각

우리는 많은 생각을 하고 있어.

어느 멋진 수학자는 생각했어요.

수학자 수학을 연구하는 사람

생각하는 기계를 만들 수 있을까?

수많은 수학자들의 노력으로 생각하는 기계가 발명되었어요.

예전의 기계는 사람이 시키는 일만 했었는데 이제는 기계도 생각을 할 수 있게 된 것이지요.

기계는 **인공지능**으로 생각을 하면서
스스로 많은 것을 배울 수 있게 되었어요.

인공지능 기계를 찾아 보아요

우리 주변에는 인공지능 기계들이
많이 있어요.

> 인공지능 기계 인공지능 기술을 활용하는 기계

우리가 하는 말을 듣고 사람처럼 이야기를 나누는
인공지능 스피커도 있고,

마스크를 잘 썼는지
확인해 주는
인공지능 마스크 확인 기계도 있어요.

그리고 청소하지 않은 곳을 찾아 청소해 주는 **로봇 청소기**도 있고,

사람이 운전하지 않아도 스스로 생각하면서 운전하는 **자율 주행차**도 있답니다.

> **자율 주행차** 인공지능이 스스로 운전하는 자동차

이처럼 우리는 주변에서 인공지능 기계를 많이 찾을 수 있어요.

인공지능 스피커와 놀아요

인공지능 스피커는 우리가 무엇을 원하는지 알고 있어요.
신나는 노래를 틀어 달라고 하면 신나는 노래를 틀어 주고,

날씨를 물어보면 날씨를 알려 줘요.

다음과 같이 인공지능 스피커인 피커에게서 원하는 대답을 들으려면 어떻게 물어봐야 할까요?

대화를 완성해 보세요.

인공지능이 되어 구별해 보아요

우리는 눈으로 주변을 볼 수 있고, 구별할 수 있어요.
인공지능에게는 우리의 눈과 같은
센서*가 있어요.

　인공지능은 이 센서를 이용해서
주변을 볼 수 있고, 구별할 수 있답니다.

> 센서 사람의 눈, 코, 입과 같이 정보를 받아들이는 기능을 하는 부품

보인다 보여~

△(세모) 모양, ☐(네모) 모양,
○(동그라미) 모양의 쿠키구나.

우리가 인공지능이 되어 물건을 구별해 볼까요?

물건의 모양이 나머지와 다른 하나를 찾아 ◯표 해 보세요.

활동 1

활동 2

25

인공지능 기계를 얼마나 오래 사용하나요

우리는 평소 스마트폰, 태블릿 컴퓨터와 같은 인공지능 기계를 자주 사용해요.

이런 인공지능 기계들은 우리를 즐겁게 해 주고, 우리의 생활을 편리하게 해 줘요.

하지만 인공지능 기계를 너무 오래 사용하다 보면 나도 모르게 푹 빠져서 헤어 나오지 못할 수도 있어요.

여러분은 스마트폰 또는 태블릿 컴퓨터를 얼마나 많은 시간 동안 사용하나요?

스마트폰, 태블릿 컴퓨터를 사용한 만큼 ◯를 색칠해 보세요.

아주 잠깐 사용해요: 1칸
잠깐 사용해요: 2칸
적당히 사용해요: 3칸
많이 사용해요: 4칸
아주 많이 사용해요: 5칸

◯ ◯ ◯ ◯ ◯

스마트폰이나 태블릿 컴퓨터를 너무 오랫동안 사용하지 않도록 주의해!

우리 주변을 살펴보아요

우리 주변의 정보

- 1부터 9까지의 수를 알아보아요
- 숫자로 개수와 순서를 나타내요

우리 주변의 정보

우리 주변에는 많은 정보*가 있어요.

정보 여러 가지 지식을 보여 주는 자료

주변에서 쉽게 볼 수 있는 표지판이에요.
표지판에서 무엇을 찾을 수 있나요?

정보를 그림, 숫자, 글자로 나타내면 우리는 쉽게 이해할 수 있어요.

그리고 정보를 그림, 숫자, 글자로 나타내면 많은 것을 배워야 하는 인공지능도 쉽게 이해할 수 있답니다.

짱봇이 표지판에 있는 그림과 글자를 보고 무슨 표지판인지 알게 되었어요.

이번에는 귀여운 강아지를 그림, 숫자, 글자로 나타냈어요.

강아지를 그림, 숫자, 글자로 나타내면
우리도, 인공지능도 쉽게 이해할 수 있어요.

생각해 봐요!
★ 주변에서 **그림, 숫자, 글자**를 본 적이 있나요?
★ **숫자**를 이용하면 무엇이 좋을까요?

간단하게 나타낼 수 있어요

우리는 주변에서 그림, 숫자, 글자로 간단하게 나타낸 정보를 쉽게 찾을 수 있어요.

다음을 보고 무엇을 알 수 있나요?

자동차의 번호판을 보면 **자동차의 주인**을 알 수 있고,

메뉴판을 보면
음식의 종류와 가격을
알 수 있고,

이름표를 보면
가방의 주인을 알 수 있어.

이처럼 우리는 간단하게 나타낸 정보를 보고 무엇인지 쉽게 이해할 수 있어요.

주변에서 그림, 숫자, 글자로 간단하게 나타낸 정보를 더 찾아 볼까요?

음… 남자 화장실과 여자 화장실을 나타내고 있구나!

우유 하나를 사면 하나를 더 준다는 것을 의미해~

이 놀이 기구는 키가 130 cm(센티미터)*는 되어야 탈 수 있대.

cm(센티미터) 길이의 단위

우리는 정보를 그림, 숫자, 글자로 간단하게 나타낼 수 있어요.

이것을 보고

사과라는 **글자**로 나타낼 수 있고,

사과 3개, '3'이라는 **숫자**로 나타낼 수 있어요.

그리고 이렇게 **그림**으로 나타낼 수도 있지요.

그림, 숫자, 글자를 이용하면 여러 가지 정보를 재미있고 간단하게 나타낼 수 있답니다.

인공지능처럼 생각해요

인공지능은 무언가를 보면 그림, 숫자, 글자로 간단하게 바꾸어 생각해요.

다음은 짱봇이 무언가를 보고 간단하게 여러 개로 나누어 생각한 것이에요.

짱봇이 본 것은 무엇일까요?

나는 본 것을 그림, 숫자, 글자로 간단하게 나타내.

짱봇이 그림, 숫자, 글자로 나타낸 것을
이용해서 모양을 만들어 봤어요.

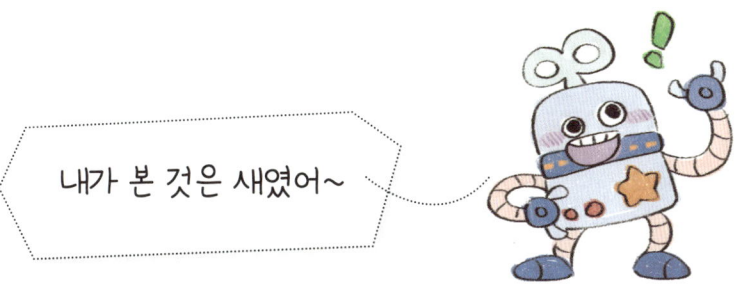

이번에는 우리가 인공지능이 되어서 동물을 간단하게 나타내어 볼까요?

사자를 그림, 숫자, 글자로 간단하게 나타내어 보세요.

숫자를 살펴보아요

숫자는 수를 나타내는 기호*예요.
숫자는 우리에게도, 인공지능에게도 정보를 이해하는 데 정말 중요한 기호예요.

> * 기호 어떠한 뜻을 나타내기 위하여 쓰이는 표시

숫자로 개수를 나타낼 수 있고,

→ 아기 공룡 다섯 마리

숫자로 순서를 나타낼 수 있어요.

나는 다섯째야.

숫자는 세계의 모든 사람들이 편리하게 사용하는 기호예요. 인공지능은 숫자를 보고 정보를 쉽게 이해할 수 있답니다.

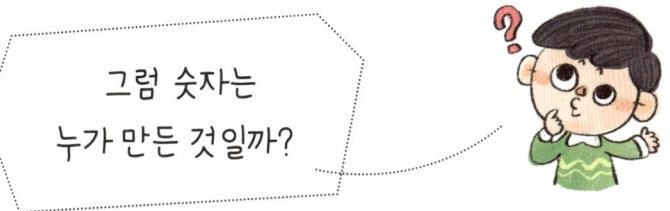

다음은 먼 옛날 아라비아*의 사람들이 처음으로 만든 숫자예요.

아라비아 아시아 대륙의 서쪽에 있는 지역

1 2 3 4 5 6 7 8 9

우리가 사용하는 숫자와 모양이 비슷하죠?

123456789

아라비아의 사람들은 꺾인 부분의 개수를 생각해서 숫자를 만들었어요.

그럼 숫자를 살펴볼까요?

꺾인 부분의 개수를 알면 인공지능은 숫자를 쉽게 알 수 있어요.

숫자에서 꺾인 부분의 개수를 세어 보고, 어떤 숫자인지 써 보세요.

수학활동 으로 이해하는 인공지능

내 마음의 수를 알아맞혀 보아요

활동 방법 ✿ 인원: 2명

❶ 한 명이 마음 속에 한 가지 주제를 정합니다.
사물, 동물 등 그림으로 표현할 수 있는 주제를 정합니다.

❷ 정한 주제의 글자 수를 세어 봅니다.
㉠ 코끼리: 3, 로봇 청소기: 5

❸ □ 안에 글자 수를 쓰고, 정한 주제를 간단한 그림으로 표현합니다.

❹ 다른 한 명은 글자 수와 그림을 보고 무엇인지 알아맞혀 봅니다.

❺ 서로 역할을 바꾸어 ❶~❹의 과정을 반복합니다.

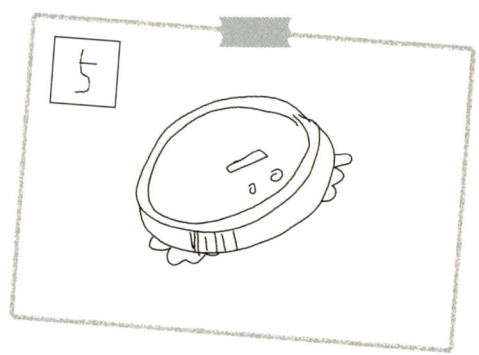

157쪽의 활동 자료를 사용해요.

활동 자료

인공지능이 그림을 추천해 줘요

오토 드로우(Auto Draw)는 인공지능이 우리가 그린 그림을 인식하여 비슷한 그림을 찾아 추천해 주는 프로그램이에요.

인공지능이 어떤 그림을 추천해 주는지 함께 체험해 볼까요?

인터넷에 '오토 드로우'를 검색한 후 접속합니다

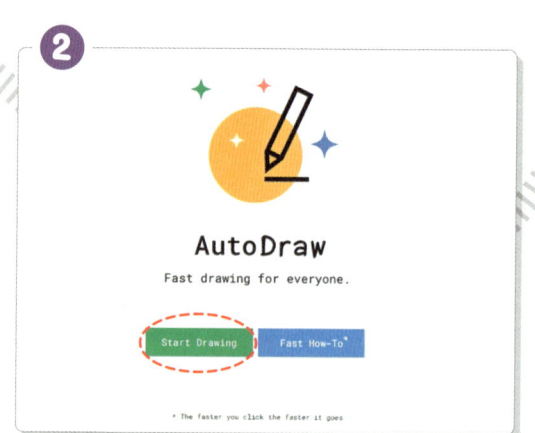

'Start Drawing'을 클릭합니다.

무엇을 그릴지 생각한 후
간단한 그림으로 표현합니다.

화면의 위쪽에서 그리려고 했던
그림을 찾아 클릭합니다.

내가 그리려고 했던 그림을 바르게
추천해 주었는지 확인합니다.

순서대로 정리해요

비교와 정렬

• 길이와 무게를 비교해요

비교와 정렬

멋진 공룡 세 마리가 모여 있어요.
공룡들의 키를 비교하려고 해요.

키는 누가 누가 가장 클까?

키는 누가 누가 가장 작을까?

누가 키가 크고, 키가 작은지
어떻게 알 수 있을까?

공룡들이 흩어져 있어서 알기 어려워요.

 내가 공룡들을 한 줄로 세워 볼 거야~

세 마리의 공룡 중에서
키가 가장 큰 공룡은 **브라키오사우루스**이고,
키가 가장 작은 공룡은 **트리케라톱스**예요.

 한 줄로 예쁘게 세우면
누가 키가 크고, 키가 작은지
쉽게 알 수 있어!

우리는 공룡 세 마리를 한눈에 비교할 수 있어요.

하지만 인공지능은 우리와 다르게 두 마리씩 차례차례 비교해요. 깨봇이 키를 어떻게 비교하는지 살펴볼까요?

 이번에는 내가 공룡의 키를 비교해 볼 게.

깨봇은 먼저 앞쪽에 있는 **티라노사우루스**와 **트리케라톱스**의 키를 비교해요.

 트리케라톱스가 티라노사우루스보다 키가 더 작으니까 트리케라톱스를 앞으로 보내야지.

깨봇이 다시 비교를 시작했어요.

이번에는 뒤쪽에 있는 **티라노사우루스**와 **브라키오사우루스**의 키를 비교해요.

 티라노사우루스가 브라키오사우루스보다 키가 더 작으니까 움직이지 않아도 되겠어!

이와 같이 인공지능은 두 공룡의 키를 비교하여
줄을 세우는 것을 반복한답니다.

깨봇이 공룡들을 키가 작은 순서대로 줄을 세웠어요.

공룡들을 키가 작은 순서대로 줄을 세우니
누가 키가 크고, 키가 작은지 쉽게 알 수 있어요.

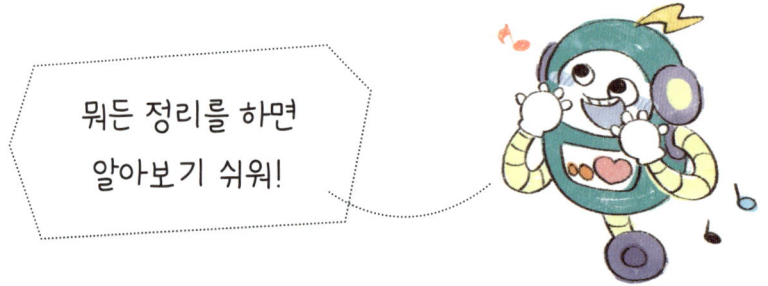

생각해 봐요!

★ 물건을 큰 순서대로 정리해 본 적이 있나요?
★ 물건의 길이나 무게를 비교해 본 적이 있나요?

비교하면 알 수 있어요

책 네 권을 읽고,
책을 한 곳에 쌓아 뒀어요.

이때, 아빠가 말했어요.

책꽂이에 책을 높이가
낮은 순서대로 꽂아 정리하렴.

높이가 다른 책을 어떻게 낮은 순서대로 꽂아 정리할 수 있을지 생각해 보세요.

책 모양 붙임 딱지를 높이가 낮은 순서대로 붙여 보세요. 붙임 딱지 ①

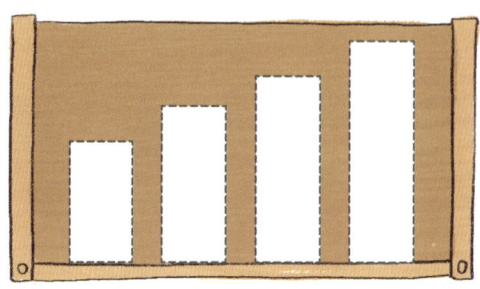

 책을 높이가 낮은 순서대로 멋지게 정리했구나!

책을 어떻게 낮은 순서대로 정리할 수 있었나요?

책끼리 직접 대어 보면서 높이를 비교할 수 있었어!

파란색 책이 빨간색 책보다 높아.

맞아요. 책끼리 직접 대어 **높이를 비교**하면서
책을 높이가 낮은 순서대로 정리할 수 있었어요.

인공지능도 마찬가지예요.

책의 높이를 비교하면서 낮은 순서대로 정리한답니다.

깨봇과 함께 책을 높이가 낮은 순서대로 정리해 볼까요?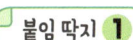

책을 **2권씩 서로서로 비교**하면
높이가 가장 낮은 책을 찾을 수 있어.
높이가 가장 낮은 노란색 책을 맨 앞의 책과 자리를 바꿔 볼까?

자리 바꾸기

빨간색, 초록색, 파란색 책을
2권씩 서로서로 비교해 보면 초록색 책이 가장 낮아.
초록색 책을 두 번째에 놓인 책과 자리를 바꾸자.

자리 바꾸기

 빨간색 책이 파란색 책보다 낮으니까
자리를 바꾸지 않아도 되겠어.

높이가 낮은 책부터 순서대로 정리되었나요?

이처럼 인공지능은 **높이가 낮은 책을 찾아 앞에 놓인 책과 자리를 바꾸면서 순서대로 정리**한답니다.

순서대로 정리하면 원하는 것을 쉽게 알 수 있어요.

 높이가 가장 낮은 책은 노란색 책이고,

높이가 가장 높은 책은 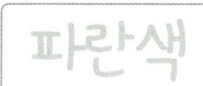 책이야.

누가누가 무거울까요

코알라, 토끼, 강아지가 재미있게 시소를 타고 있어요.
어느 친구가 더 무거운지 알아볼까요?

코알라가 토끼보다 더 무거워요.

강아지가 토끼보다 더 무거워요.

코알라 가 강아지 보다 더 무거워요.

세 친구 중 가장 무거운 친구는 누구일까요?

코알라가 토끼보다 더 무겁고,
코알라가 강아지보다 더 무겁기 때문에
가장 무거운 친구는 코알라 야.

　이번에는 깨봇이 세 친구 중 가장 무거운 친구는 누구인지 알아보려고 해요.
　그래서 깨봇이 동물 친구들을 가벼운 순서대로 줄을 세웠어요.

자리 바꾸기

코알라와 토끼 중 토끼가 더 가벼우니까 서로 자리를 바꿔야 해.

코알라와 강아지 중 강아지가 더 가벼우니까 서로 자리를 바꿔야 해.

자리 바꾸기

토끼와 강아지 중 토끼가 더 가벼우니까 자리를 바꾸지 않아도 돼.

   동물 친구들을 가벼운 순서대로 줄을 세웠더니 누가 더 무거운지 쉽게 알 수 있어요. 가장 무거운 친구는 **코알라**였어요.

   이처럼 인공지능은 두 동물의 무게를 비교하면서 줄을 세워요.

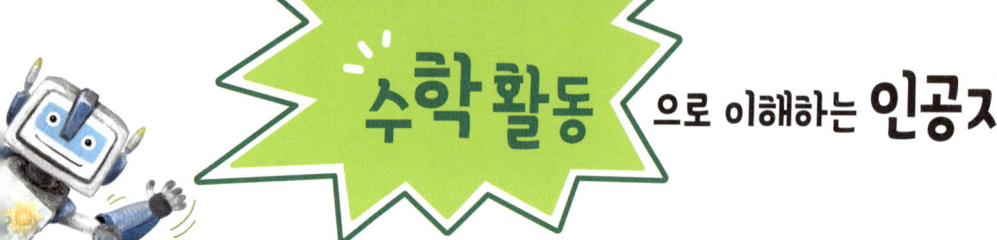

수학활동 으로 이해하는 인공지능

무게를 비교해 보아요

활동 방법 ✿ 준비물: 안이 보이지 않는 똑같은 용기 5개, 양팔저울, 초시계   ✿ 인원: 2명

1 용기 5개에 물을 서로 다른 양만큼 채워요.

2 5개의 용기를 잘 섞어 놓은 후, 뚜껑에 가, 나, 다, 라, 마를 써요.

3 초시계의 시작 버튼을 누르고, 양팔저울로 용기의 무게를 비교해요.

4 가벼운 용기부터 순서대로 놓고, 걸린 시간을 확인해요.

5 두 명이 번갈아 가며 **3**~**4**의 과정을 반복한 후, 가벼운 용기부터 순서대로 놓는 데 걸린 시간을 비교해요.

159쪽의 활동 자료를 사용해요.

활동 자료

- 이름:

- 가벼운 순서대로 용기의 기호 쓰기

  ☐ → ☐ → ☐ → ☐ → ☐

- 걸린 시간:

- 이름:

- 가벼운 순서대로 용기의 기호 쓰기

  ☐ → ☐ → ☐ → ☐ → ☐

- 걸린 시간:

도서관에서 책을 찾아 보아요

엄마, 여기는 어디예요?

도서관이란다. 유진이가 좋아하는 책을 빌릴 수 있는 곳이지.

와~ 책이 엄청 많아요.

그렇지? 그럼 유진이가 읽고 싶어 했던 '퐁퐁이의 대모험'을 찾아 볼까?

이렇게 많은 책 중에서 어떻게 찾지?

어라?

후훗~

걱정마렴. 선생님께서 책을 순서대로 정리해 놓으셨거든.

책에 있는 숫자와 글자는 책을 순서대로 정리하기 위한 약속이에요. 책에 있는 숫자와 글자는 책의 종류, 책의 위치와 같은 여러 가지 정보를 나타내고 있답니다.

자동차가 스스로 움직여요

자율 주행차

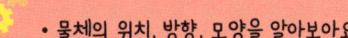
· 물체의 위치, 방향, 모양을 알아보아요

자율 주행차

재희네 가족이 자동차를 타고 여행을 떠났어요. 아빠가 자동차를 운전하고 있어요.

오른쪽으로 가야 할 때는 운전대를 **오른쪽**으로 돌리고,

왼쪽으로 가야 할 때는 운전대를 **왼쪽**으로 돌려요.

신호등에 빨간불이 켜지면 **멈추고**,
초록불이 켜지면 **출발**해요.

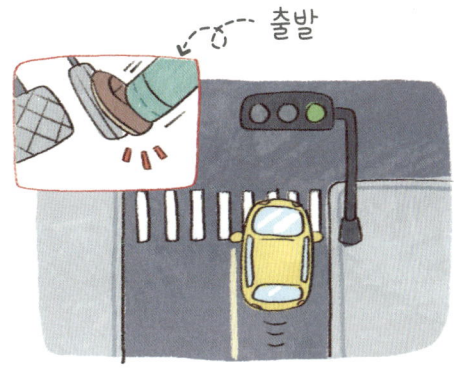

아빠, 조심해요!
앞에 오토바이가 있어요.

운전할 때 앞에 오토바이가 있으면 조심해야 해요.

운전하는 것은
참 어렵구나!

그런데 이렇게 어려운 운전을 스스로 할 수 있는 인공지능 기계가 있어요.

바로! 자율 주행차*예요.

> 자율 주행 자동차가 스스로 알아서 운전하는 것

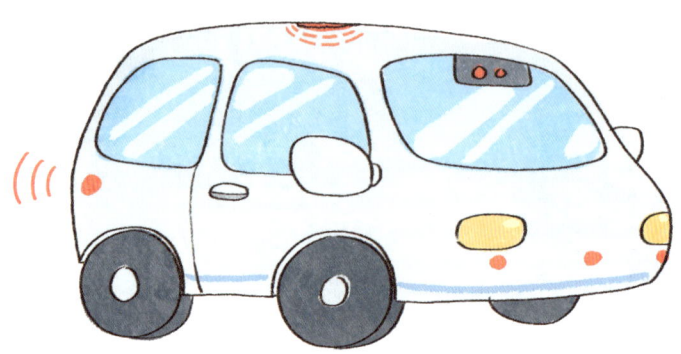

자율 주행차는 사람이 직접 운전하지 않아도 주변을 살피면서 스스로 판단하여 움직일 수 있답니다.

> 판단 어떤 기준에 따라 생각하고 결정을 내리는 것

그럼 자율 주행차는 어떻게 스스로 판단하여 움직일 수 있는 것인지 알아볼까요?

생각해 봐요!

★ 자율 주행차를 본 적이 있나요?
★ 스스로 움직이는 자동차를 만들려면 어떻게 해야 할까요?

인공지능의 눈으로

우리가 주변을 살펴볼 수 있는 것은 소중한 우리의 '눈' 덕분이에요.

인공지능이 스스로 운전을 하려면 우리처럼 멋진 '눈'이 필요하지요.

인공지능에게는 우리의 '눈'과 비슷한 역할을 하는 센서*가 있어요.

> 센서 주변에 무엇이 있는지 신호 등을 알아차리는 기계

인공지능은 이 센서로 주변을 살펴볼 수 있답니다.

인공지능은 센서로 주변의 자동차,
사람, 차선 등을 알아볼 수 있어!

 센서는 인공지능이 세상을 알아 가기 위해 꼭 필요한 장치예요. 자율 주행차에는 다음과 같은 센서가 있어요.

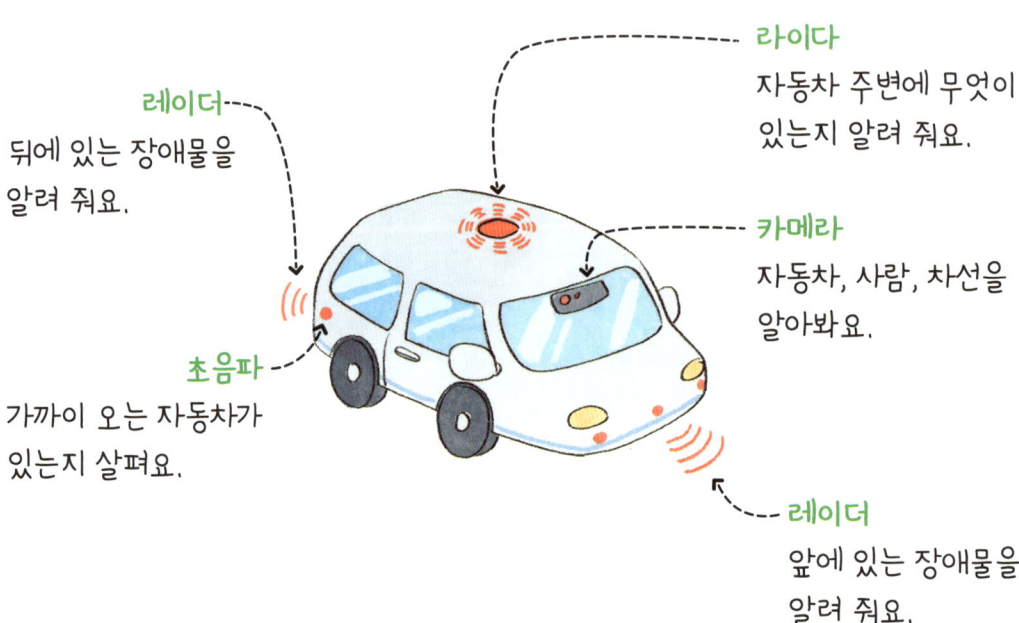

라이다
자동차 주변에 무엇이 있는지 알려 줘요.

레이더
뒤에 있는 장애물을 알려 줘요.

카메라
자동차, 사람, 차선을 알아봐요.

초음파
가까이 오는 자동차가 있는지 살펴요.

레이더
앞에 있는 장애물을 알려 줘요.

자율 주행차가 길을 가다가 횡단보도를 건너고 있는 아이들을 발견했어요.

자율 주행차가 아이들을 본 모습이에요.
자율 주행차는 어느 방향으로 가고 있었을까요?

아이들의 뒷모습이 보여요.
1번 방향으로 가고 있었어요.

다음 그림에서 자율 주행차는 어느 방향으로 가고 있었을까요?

앞쪽에 분홍색 옷을 입은 아이가 보여요.
2번 방향으로 가고 있었어요.

자율 주행차가 길을 따라 움직여요

자율 주행차가 길을 따라 안전하게 움직이려면 위치와 방향을 잘 알아야 해요.

자율 주행차가 출발점에서 도착점까지 길을 따라가려고 해요.

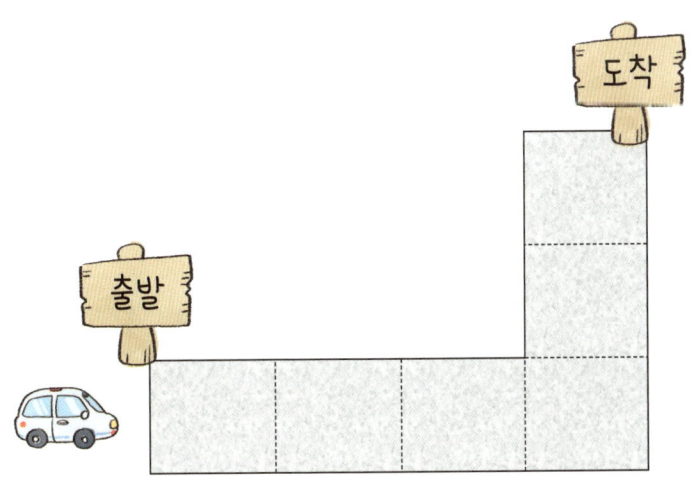

깨봇이 자율 주행차를 다음과 같이 움직였어요.

앞으로 4칸 간 다음 왼쪽으로 돌아서 앞으로 2칸 가야겠어!

자율 주행차가 도착점까지 안전하게 갈 수 있는지 살펴볼까요?

먼저 앞으로 4칸을 가요.

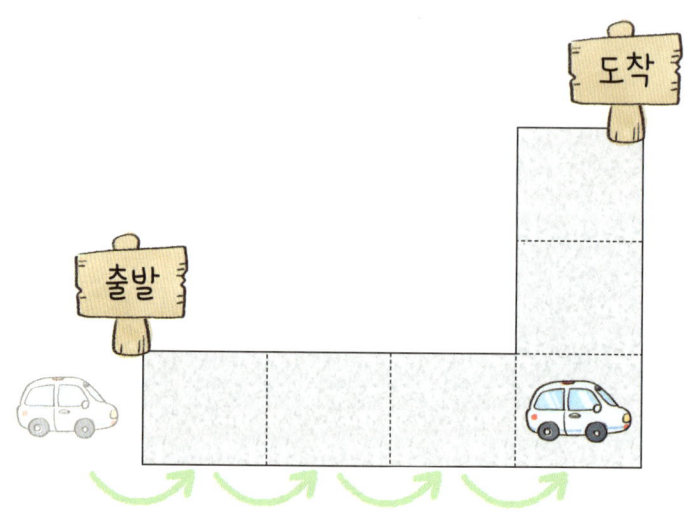

이번에는 길을 따라 왼쪽으로 돌아요.

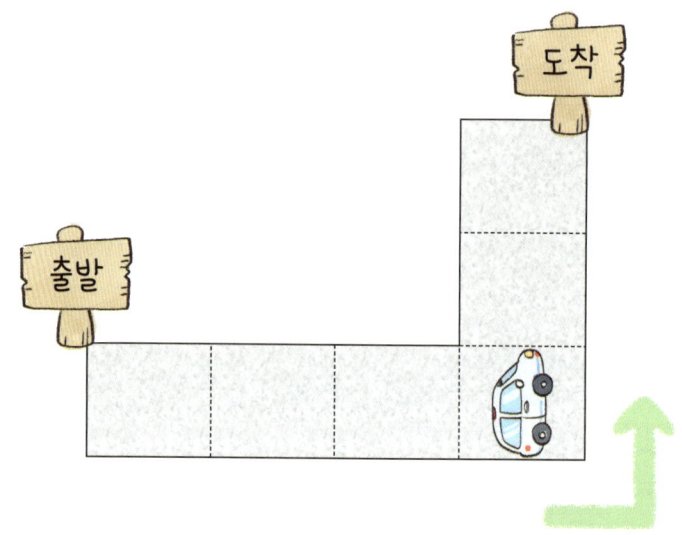

그리고 앞으로 2칸을 가요.

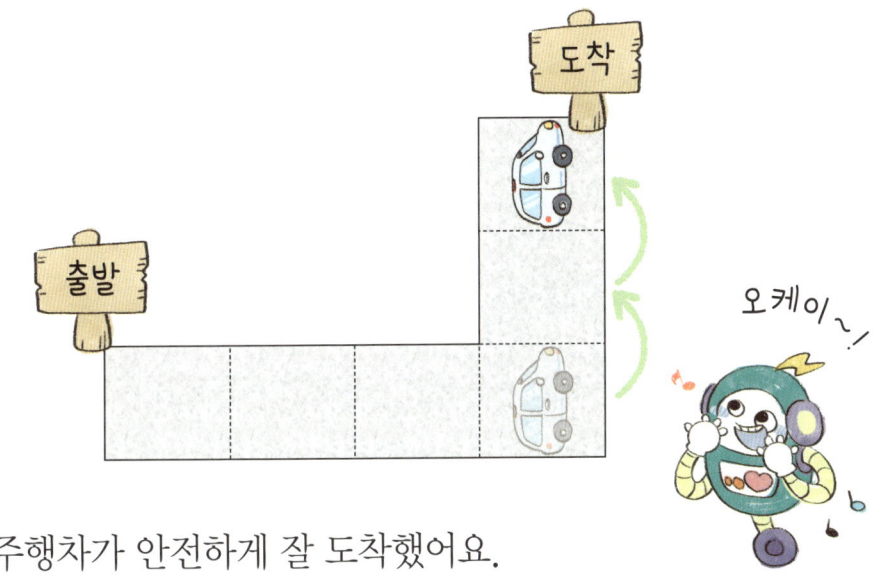

자율 주행차가 안전하게 잘 도착했어요.

이번에는 우리가 자율 주행차가 되어 보아요. 출발점에서 도착점까지 길을 따라가려면 어떻게 가야 할까요?

앞으로 5칸 간 다음 오른 쪽으로 돌아서

앞으로 1 칸 가야 해.

안전한 길을 따라가요

자율 주행차에는 우리의 눈과 비슷한 역할을 하는 센서가 있어요.

자율 주행차는 센서로
가는 길에 장애물이 있는지 확인해요.

자율 주행차의 센서가
삐삐삐
앞에 장애물이 있다고 알려 줘요.

이때 자동차는 장애물을 피해 다른 길로 가요.
이처럼 자율 주행차는 센서로 주변을 살피면서 안전한 길을 찾아 움직인답니다.

자율 주행차가 출발점에서 도착점까지 안전한 길로 가려고 해요.

앞으로 3칸 간 다음 왼쪽으로 돌면…

자율 주행차가 출발했어요.
앞으로 한 칸, 두 칸, 그리고 삐삐삐.

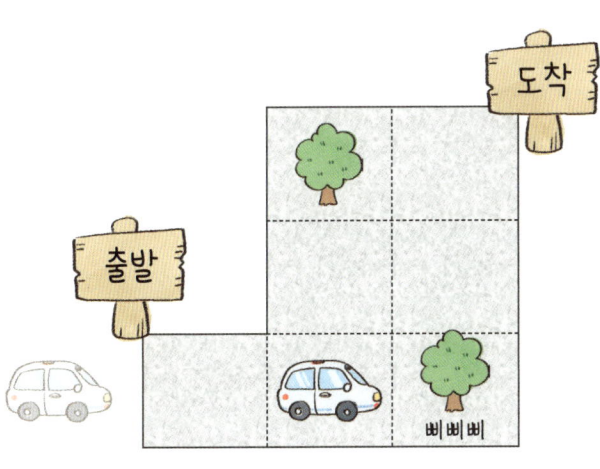

자율 주행차의 센서가 앞에
장애물이 있다고 알려 줘요.
다른 길로 가야 해요!

왼쪽으로 돌아서 앞으로 한 칸,
그리고 삐삐삐.

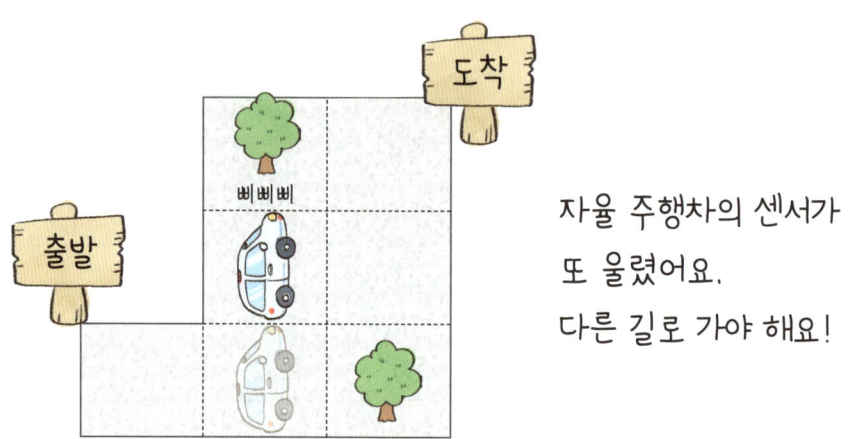

자율 주행차의 센서가
또 울렸어요.
다른 길로 가야 해요!

오른쪽으로 돌아서 앞으로 한 칸,
그리고 왼쪽으로 돌아서 앞으로 한 칸 더!

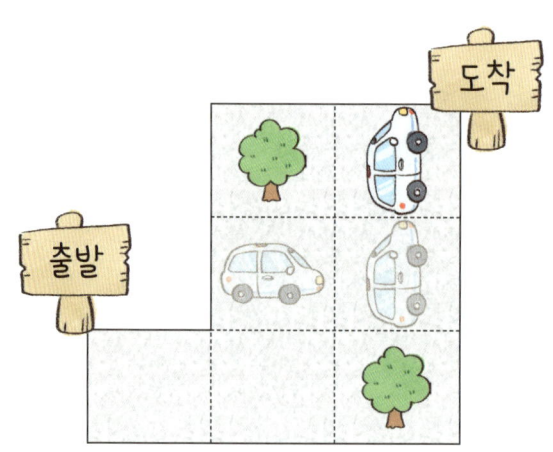

자율 주행차가 센서 덕분에 나무에 부딪히지 않고 안전하게 도착했어요.

자율 주행차는 이런 과정을 반복하면서 스스로 안전하게 움직일 수 있어요.

이번에는 우리가 자율 주행차가 되어 출발점에서 도착점까지 안전하게 움직여 볼까요? 길을 따라 ⟶ 로 표시해 보세요.

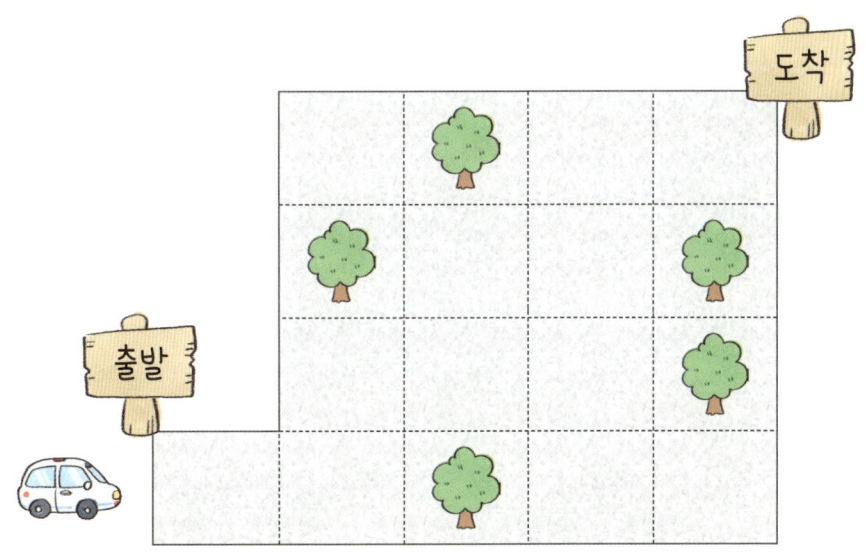

수학 활동으로 이해하는 인공지능

빠르고 안전한 길 찾기

활동 방법

준비물: 붙임 딱지 1   인원: 2명

1. 친구와 함께 길에 붙임 딱지 1 의 장애물을 설치합니다.
2. 한 명이 먼저 출발점에서 도착점까지 빠르고 안전하게 갈 수 있는 길을 찾아 ➡로 표시합니다.
3. 다른 한 명도 출발점에서 도착점까지 빠르고 안전하게 갈 수 있는 길을 찾아 ➡로 표시합니다.
4. 찾은 길의 칸 수를 세어 보고, 칸 수를 비교해 봅니다.

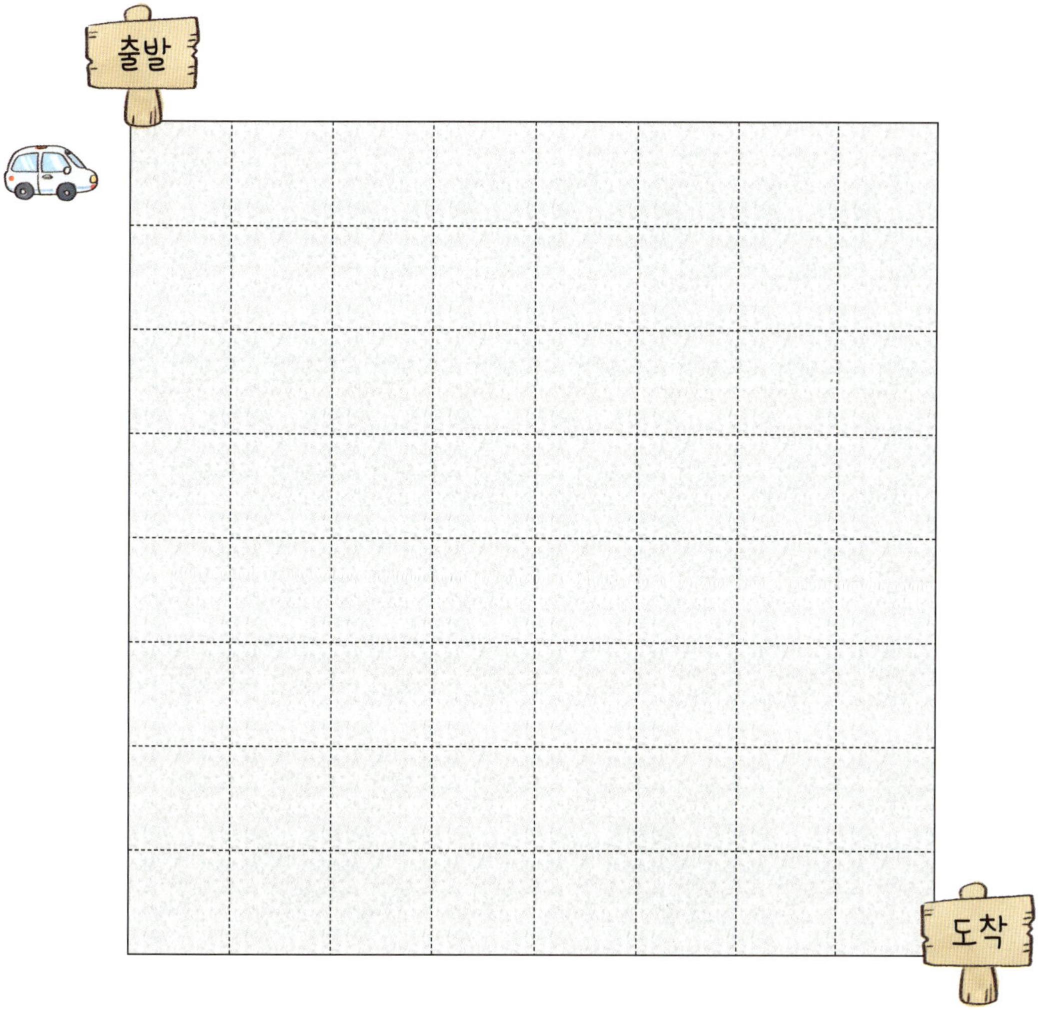

도시를 달리는 자동차를 만들어요

스크래치 주니어(Scratch Jr)는 블록 코딩을 통해 자신만의 캐릭터에 생명을 불어넣을 수 있는 프로그램이에요.

> **코딩** 컴퓨터가 이해하는 말로 명령을 만드는 것

스크래치 주니어는 스마트폰 또는 태블릿 컴퓨터를 이용하여 접속할 수 있어요.

다음 QR 코드를 통해 프로그램을 설치할 수 있어요.

기계에 따라 알맞은 QR 코드를 활용하여 프로그램을 설치해 보세요.

▲ 구글 플레이스토어

▲ 애플 앱스토어

그럼 스크래치 주니어를 이용하여 도시를 달리는 자동차를 만들어 볼까요?

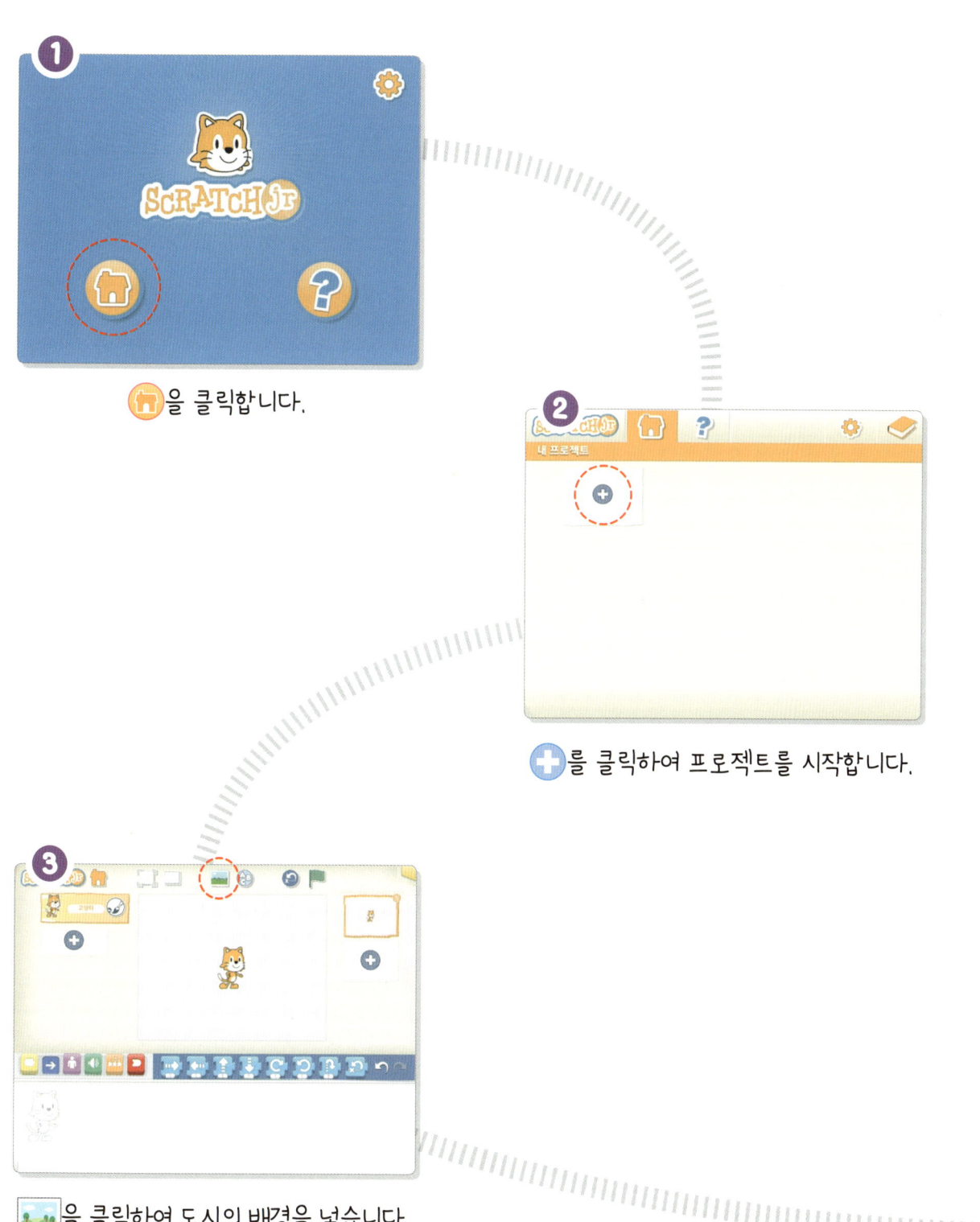

을 클릭합니다.

를 클릭하여 프로젝트를 시작합니다.

을 클릭하여 도시의 배경을 넣습니다.

화면의 고양이를 꾹 누른 후 삭제합니다.

➕를 클릭하여 자동차를 넣습니다.

🧍을 클릭한 후 🧩 블록을 이용하여
자동차를 작게 만듭니다.

자동차를 도로 위로 움직여 옮깁니다.

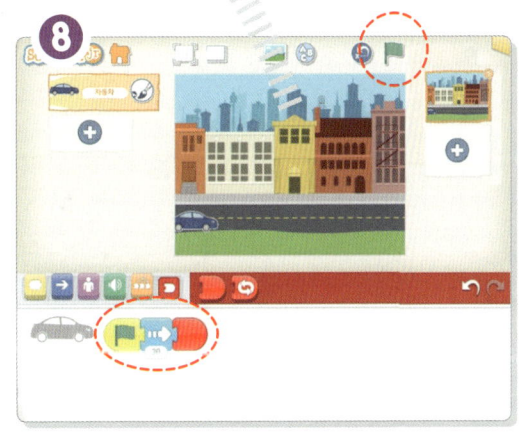

화면 아래의 블록으로 과 같이
코딩한 후 을 클릭하여
자동차가 달리는지 확인합니다.

다른 방법으로 코딩해서
자동차를 움직여 봐~

인공지능에게 알려 줘요

지도 학습

- 자료를 기준에 따라 분류해요
- 도형의 특징을 살펴봐요

지도 학습

동물 사진의 일부분이 있어요.
이 동물들은 무엇일까요?

첫 번째 동물은 사자이고,

두 번째 동물은 호랑이예요.

어떻게 알 수 있었나요?

아마 갈기 를 보고 사자인 것을 알았을 것이고,

무늬 를 보고 호랑이인 것을 알았을 거예요.

그럼 똑똑한 인공지능도 우리처럼 사진의 일부분을 보고 사자와 호랑이를 맞힐 수 있을까요?

아무것도 배우지 못한 인공지능은 사자와 호랑이를 맞히기 힘들 거예요.

우리가 사진의 일부분만 보고도 사자와 호랑이를 맞힐 수 있었던 것은 이미 사자와 호랑이의 특징*을 알고 있었기 때문이에요.

난 이미 사자와 호랑이를 알고 있지~

특징 다른 것에 비해 특별히 눈에 뜨이는 점

인공지능이 사자와 호랑이를 알기 위해서는 수많은 사자와 호랑이 사진을 보고 공부해야 해요.

사자들이야~

공부 중~

이제 사자와 호랑이를 구분할 수 있겠어!

호랑이들이야~

이처럼 인공지능은 새로운 것을 배우면서 세상을 알아 간답니다.

생각해 봐요!

★ 새로운 것을 어떻게 배웠나요?
★ 물건을 **분류**[*]해 본 적이 있나요?

분류 종류에 따라서 가름

특징을 살펴봐요

이번에는 우리가 인공지능이 되어서 함께 동물을 배워 봐요.

생김새가 비슷한 두 동물이 있어요.

두 동물은 각각 무엇일까?

한 동물은 치타이고, 다른 동물은 표범이에요.

두 동물을 어떻게 구분할 수 있을까요?

치타와 표범 사진을 보고 두 동물의 특징을 찾아 봐요.

치타

표범

두 동물은 각각 어떤 특징이 있을까?

먼저 치타와 표범의 **몸** 부분을 살펴봐요.

치타 — 무늬 안에 빈 공간이 없어. 무늬가 까맣고 동그란 모양이야.

표범 — 무늬 안에 빈 공간이 있어. 무늬가 꽃 모양이야.

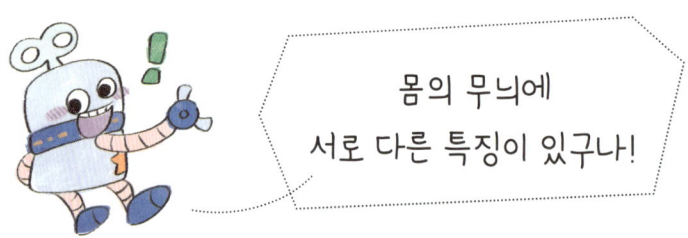

몸의 무늬에 서로 다른 특징이 있구나!

그리고 치타와 표범의 **얼굴** 부분을 살펴봐요.

치타 — 눈 아래에 눈물 자국 모양의 줄무늬가 있어.

표범 — 눈 아래에 눈물 자국 모양의 줄무늬가 없어.

치타와 표범의 특징을 이용해서 두 동물을 구분해 볼까요?

무늬가 까맣고
동그란 모양이야.
눈 아래에 줄무늬가 있으니까
치타 구나.

무늬가 꽃 모양이야.
눈 아래에 줄무늬가 없으니까
표범 이구나.

우리가 학습하여 배우는 것처럼 인공지능도 학습하여 세상의 여러 가지 사물과 동물들을 배워요.

이때 중요한 것은 학습할 자료의 **특징**이에요.

나는 자료의 특징을
찾으면서 학습해!

도형의 특징을 살펴봐요

도형의 일부분만 보고 어떤 도형인지 알 수 있나요?

도형의 일부분을 보고 알맞은 도형을 찾아 선으로 이어 보세요.

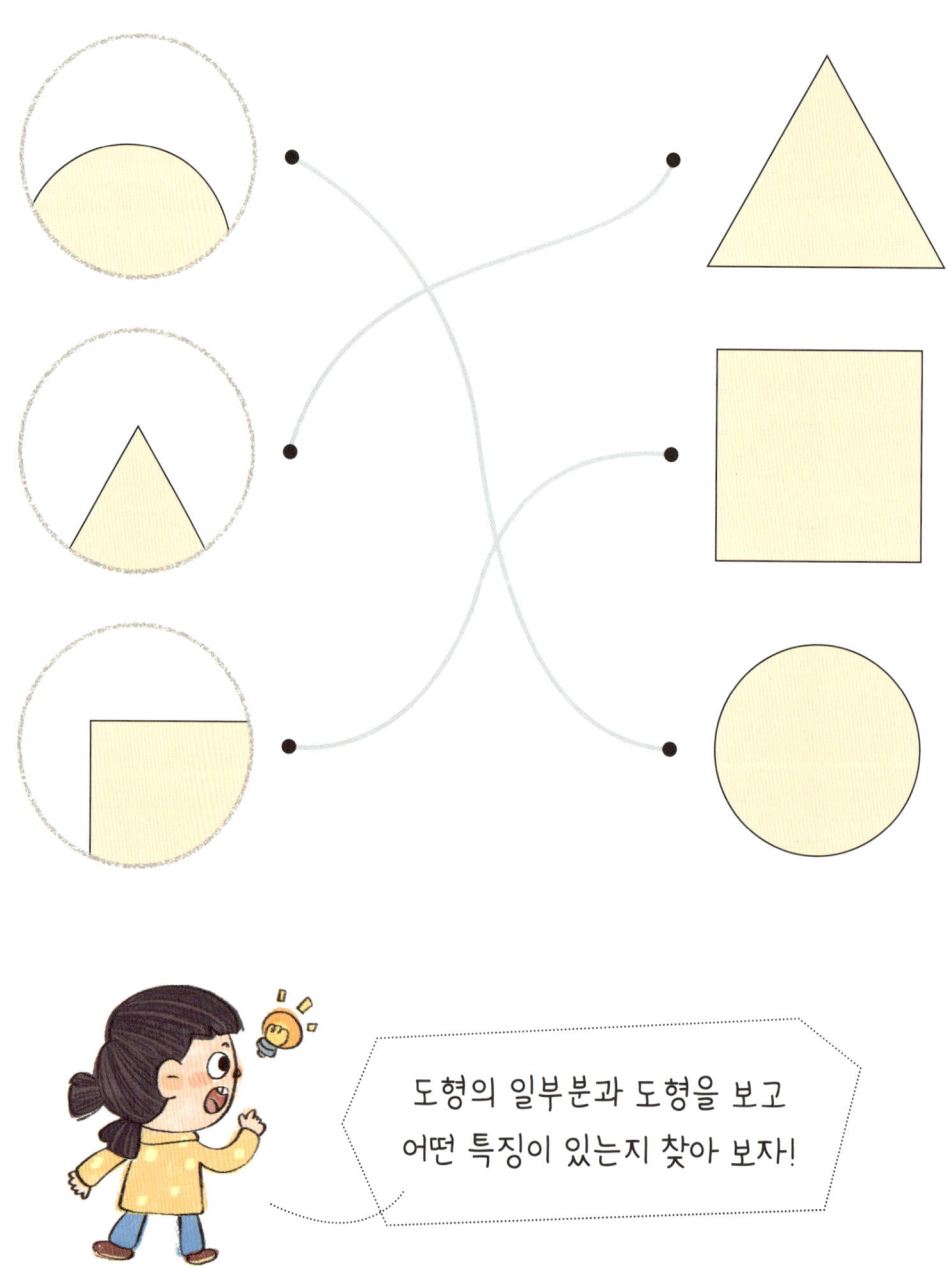

도형의 일부분과 도형을 보고 어떤 특징이 있는지 찾아 보자!

교과서 수학으로 배우는
인공지능 1

지도
가이드북

✦ 이럴 때 펼쳐 보세요 ✦

☝ 인공지능에 대한 자세한 설명이 필요할 때!

✌ 수학 연계 학습 시 자세한 지도 방법이 필요할 때!

🖖 관련 뉴스와 플랫폼을 찾아보고 싶을 때!

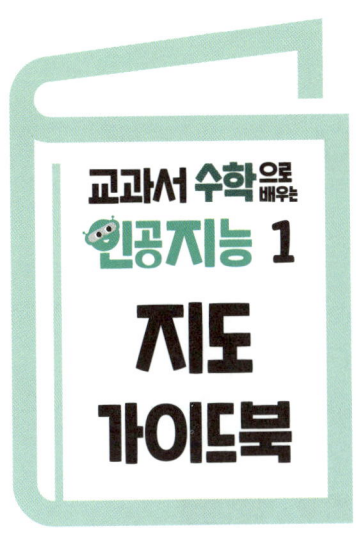

🤖 **인공지능 관련 웹사이트** • 2

1 인공지능을 처음 만나요 • 3

2 우리 주변을 살펴보아요 • 6

3 순서대로 정리해요 • 9

4 자동차가 스스로 움직여요 • 12

5 인공지능에게 알려 줘요 • 16

6 비슷한 것끼리 모아요 • 20

7 현명하게 판단해요 • 24

인공지능을 다양하게 체험할 수 있는 웹사이트를 소개하였습니다.

인공지능 관련 웹사이트

명칭	웹사이트 주소(URL)	관련 주제	화면
바다를 위한 AI	https://code.org/oceans	기계 학습	
모럴 머신	https://moralmachine.mit.edu/hl/kr	인공지능 윤리	
티쳐블 머신	https://teachablemachine.withgoogle.com	기계 학습	
엔트리	https://playentry.org	다양한 인공지능 원리	
퀵 드로우	https://quickdraw.withgoogle.com	기계 학습	
세미 컨덕터	https://semiconductor.withgoogle.com	사물 인식	
스케치 RNN	https://magenta.tensorflow.org/assets/sketch_rnn_demo/index.html	기계 학습	

인공지능을 처음 만나요

인공지능

주변에 있는 다양한 기계를 찾아 봅니다. 아이들이 친숙하게 생각하는 기계를 찾아 보면서 기계가 어떤 일을 하는지 이야기를 나눠 봅니다.

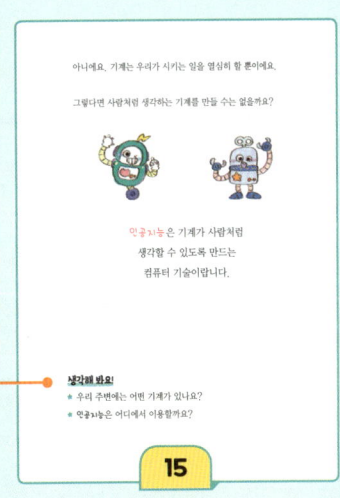

생각은 추상적인 개념이기 때문에 아이들이 이해하는 데 어려움이 있을 수 있습니다. '수 세기', '비교하기'와 같은 수학 활동을 하면서 생각의 과정을 느껴 봅니다.

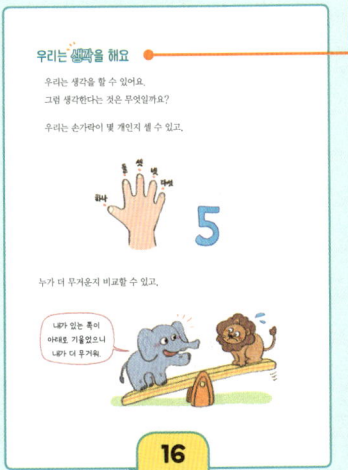

아이들이 평소에 어떤 생각을 하는지, 또 어떤 생각을 할 수 있는지 자유롭게 이야기를 나눠 봅니다.

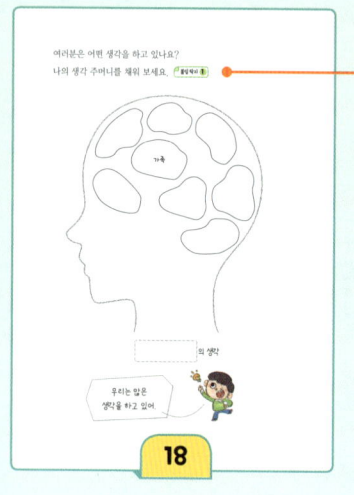

생각 주머니를 채우면서 아이들이 평소 가지고 있는 고민이나 감정을 알 수 있습니다.

인공지능의 아버지로 불리는 영국의 수학자 **앨런 튜링**(1912~1954)이 처음으로 생각하는 기계를 연구하였습니다. 훗날 이 연구가 인공지능의 토대가 되었습니다.

우리 주변에는 다양한 인공지능 기계들이 있습니다. 주변에서 쉽게 찾을 수 있는 스마트폰, 태블릿 컴퓨터부터 시작하여 다양한 인공지능 가전, 자율 주행차 등을 아이와 함께 찾아 봅니다.

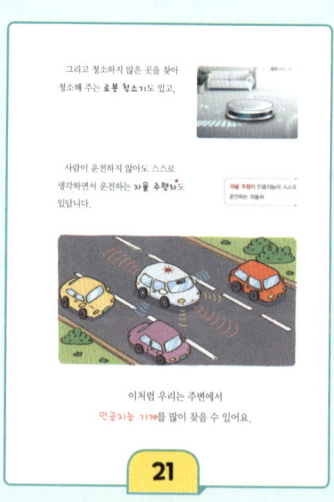

보충 인공지능 스피커와 놀기

인공지능 스피커를 이용하여 '재미있는 이야기 듣기', '수수께끼 맞히기' 등 다양한 상호 작용을 할 수 있습니다.

인공지능 스피커에게 여러 가지 질문을 해 봅니다.

㉠ • 재미있는 이야기를 들려 줘.
   • 10 다음의 수는 뭐야?
   • 사랑해.

● 이렇게 활동해 보세요.

인공지능의 중요한 부품인 센서가 되어 도형을 구분해 보는 활동입니다. 인공지능의 센서를 아이들의 눈, 코, 입과 비교하여 설명해 주세요. 또 물건의 모양에서 찾을 수 있는 도형의 특징을 살펴볼 수 있도록 지도합니다.

● 요즈음 아이들은 다양한 스마트 기기에 노출되어 있습니다. 스마트 기기를 얼마나 사용하는지 스스로 점검하는 활동을 통해 아이들이 스마트 기기를 올바르게 사용할 수 있도록 지도합니다.

아이와 함께 스마트폰, 태블릿 컴퓨터의 사용 시간을 이야기해 봅니다. 사용하는 시간에 따라 1부터 5까지의 수로 표현 할 수 있도록 합니다. 이 활동을 통해 스마트 기기 사용 습관을 점검하고, 수에 대한 양감을 기를 수 있습니다.

우리 주변을 살펴보아요

우리 주변의 정보

30

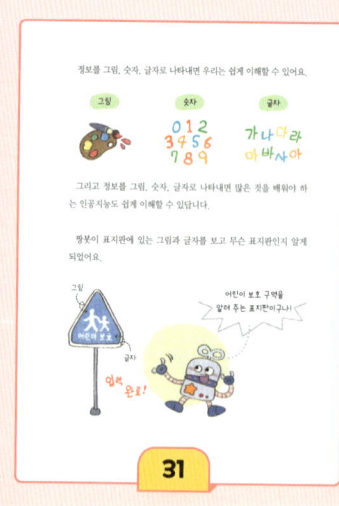
31

주변에서 그림, 숫자, 글자를 자유롭게 찾아 볼 수 있도록 합니다.

주변에서 볼 수 있는 다양한 정보를 간단한 표상으로 나타낸 것입니다. 인공지능은 표상으로 나타낸 정보를 보고 학습할 수 있습니다.

32

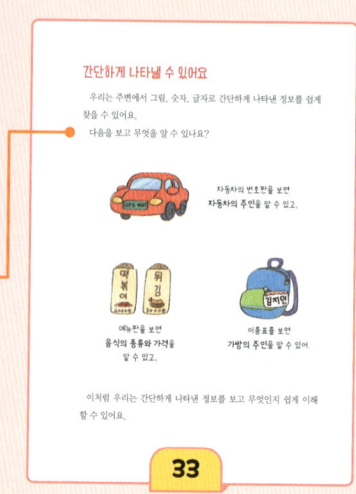
33

우리 주변의 표상이 어떤 정보를 담고 있는지 자유롭게 유추할 수 있도록 합니다. 주변에서 다양한 표상을 함께 찾으며 표상이 무엇을 나타내는지 이야기해 봅니다.

6

주어진 정보를 그림, 숫자, 글자로 표현하는 것은 추상화의 첫걸음입니다. 주변에 놓여 있는 연필, 인형, 장난감, 과일 등을 그림, 숫자, 글자로 간단하게 표현하는 연습을 해 봅니다.
주변의 물건을 추상적인 기호로 바꾸면 아이는 물건의 개수를 나타내는 숫자의 의미를 쉽게 알 수 있습니다.

인공지능은 어떤 대상을 인식하고, 그것에 대한 표상을 만들어 냅니다. 이것은 사람이 대상을 인식하는 방법과 유사합니다.

아이가 인공지능이 되어 사자를 간단한 표상으로 나타내어 보는 활동입니다. 실제 인공지능은 사람의 표상 과정을 모방하여 학습합니다.
사자를 간단하게 그림과 숫자로 나타내는 활동을 통해 **창의·융합적 사고력**과 **추론 능력**을 기를 수 있습니다.

기수와 서수
기수는 사물의 개수나 양을 나타내는 수이고, 서수는 사물의 순서를 나타내는 수입니다.

7

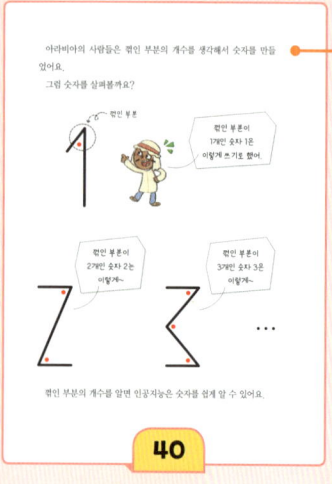

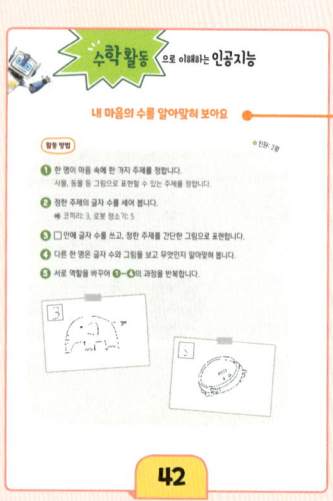

1부터 9까지의 아라비아 숫자의 기원을 살펴보며 숫자 속에 숨겨진 비밀을 함께 찾아 보세요. 숫자를 자세히 관찰하면서 숫자의 특징과 수 사이의 관계를 유추할 수 있도록 합니다.

이렇게 활동해 보세요.

그림과 숫자만 이용하여 퀴즈를 맞히는 활동입니다. 표상을 직접 그려 보고 글자 수와 숫자 사이의 관계를 이해하면서 **언어**와 **수리력**을 동시에 기를 수 있는 활동입니다.

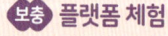 **플랫폼 체험**

퀵 드로우(Quick Draw)는 그림을 그리면 인공지능이 무엇을 그렸는지 알아맞히는 프로그램입니다. 오른쪽 QR 코드로 아이와 함께 인공지능을 체험해 봅니다.

스케치 RNN(Sketch RNN)은 인공지능과 함께 그림을 그리는 프로그램입니다. 그림을 그리면 인공지능이 그리려는 것을 예측하여 다음 선을 그립니다.

오른쪽 QR 코드로 아이와 함께 인공지능을 체험해 봅니다.

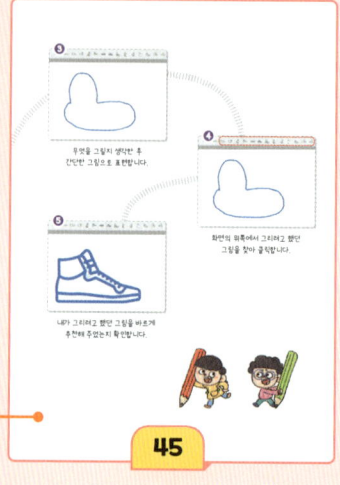

3 순서대로 정리해요

비교와 정렬

검색과 정렬
검색이란 자료의 목록에서 특정한 데이터를 찾아 내는 작업입니다. 또한 자료를 일정한 순서로 나열하기 위해서는 정렬(sort)의 과정이 필요합니다.

48

49

장난감이나 가족의 키를 비교해 보면서 정렬의 과정이 쉽고 자연스러운 활동이라는 것을 알 수 있도록 합니다.

50

51

지금까지 알려진 바에 의하면 트리케라톱스의 키는 약 3 m, 티라노사우루스의 키는 약 5.2 m, 브라키오사우루스의 키는 약 12 m라고 합니다.

9

정렬의 과정에서 대상의 높이(길이), 넓이, 무게, 들이 등 다양한 것이 기준이 될 수 있습니다. 이 중 높이(길이)는 아이가 쉽게 받아들일 수 있는 정량적인 기준이며, 특히 높이에 따라 책을 정리하는 것은 실생활에서 쉽게 접할 수 있는 정렬의 과정입니다.

아이와 함께 책을 정리하면서 정렬의 과정을 체험해 봅니다.

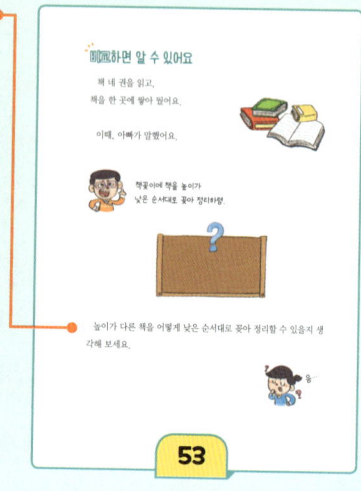

버블 정렬과 선택 정렬

정렬 알고리즘에는 크게 두 가지 방법이 있습니다. 버블 정렬은 이웃하는 두 수를 비교하여 작은 수를 앞으로 이동시키는 것을 반복하는 방법이고, 선택 정렬은 가장 작은 수를 맨 앞의 수와 바꾸는 것을 반복하는 방법입니다.

무엇보다 정렬 과정에서의 같은 점은 자료를 끊임없이 비교해야 한다는 것입니다.

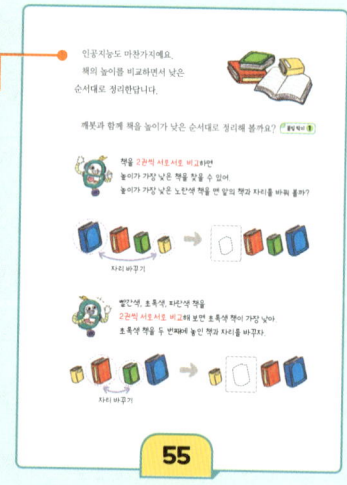

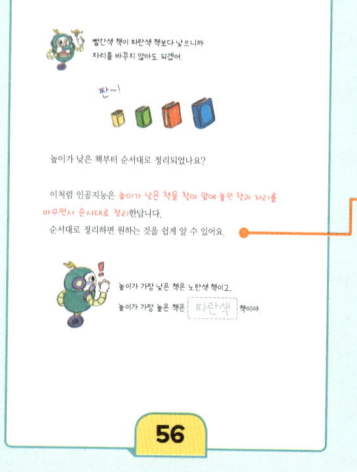

검색 알고리즘

정렬의 과정을 마치면 원하는 데이터를 보다 효율적으로 찾을 수 있습니다.

데이터 정리의 중요함을 함께 지도합니다.

무게를 순서대로 나열하기 위해서는 무게의 측정이라는 과정이 더 필요합니다. 무게의 측정은 아이에게 어려울 수 있습니다. 놀이터에서 볼 수 있는 시소, 체중을 측정하는 체중계, 요리용 저울, 양팔저울, 용수철저울 등을 이용하여 무게에 대한 양감을 기를 수 있는 활동을 하도록 합니다.

오름차순과 내림차순

자료를 정리하는 방법에는 작은 수부터 큰 수로 차례대로 나열하는 오름차순과 큰 수부터 작은 수로 차례대로 나열하는 내림차순이 있습니다. 자료를 다양한 방법으로 정리하는 경험을 하도록 합니다.

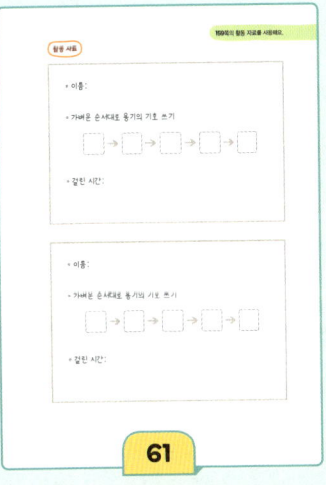

이렇게 활동해 보세요.

양팔저울로 용기의 무게를 비교하며 무엇이 더 무거운지 유추하는 과정에서 **추론적 사고력**을 기를 수 있습니다.

가벼운 용기부터 순서대로 놓는 데 걸리는 시간을 줄여 가면서 효율적으로 무게를 정렬하는 방법을 탐구할 수 있도록 합니다.

자동차가 스스로 움직여요

자율 주행차

자율 주행차와 관련하여 아이의 경험을 이야기하면서 흥미를 일으켜 보세요. 자율 주행차와 관련된 사진이나 영상을 보며 이야기를 나눠 봅니다.

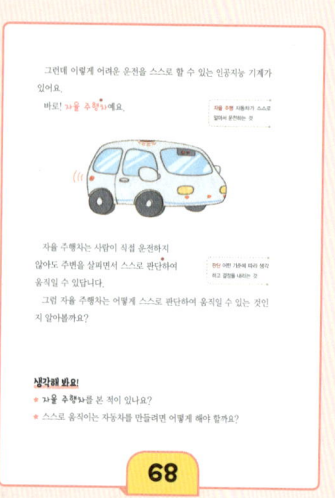

자율 주행차의 핵심 기술 중 하나는 센서입니다. 즉, 자율 주행차에 장착된 자율 주행 시스템의 성능을 좌우하는 것이 센서인 것입니다. 자율 주행차에는 라이다 센서, 초음파 센서, 레이더 센서, 카메라 등 다양한 센서가 있습니다.

아이에게는 우리가 세상을 인식하기 위해 '눈'이 필요한 것처럼 자동차에게도 '눈'과 비슷한 역할을 하는 센서가 필요하다고 설명해 줍니다.

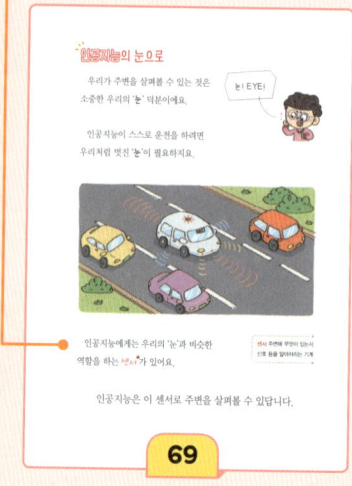

12

도로에서 자동차를 운전하려면 조심해야 할 것이 많습니다. 아이와 함께 자동차를 타거나 길을 걸으며 자율 주행차라면 어떤 것을 조심해야 하는지 이야기를 나눠 봅니다.

물체의 위치, 방향, 모양 등을 살펴본 후 자동차가 가는 방향에 따라 보이는 모습을 추론해 볼 수 있도록 합니다.

순차 구조 알고리즘

순차 구조 알고리즘이란 동작이나 명령을 차례대로 나열한 것을 말합니다. 자동차의 움직임을 살펴보면서 순차 구조 알고리즘을 몸소 느낄 수 있도록 합니다.

아이가 오른쪽, 왼쪽 등의 방향을 어려워 하면 실제로 비슷한 공간을 그린 후 직접 자율 주행차가 되어 움직여 볼 수 있도록 합니다. 아이가 위치와 방향, 수 세기에 익숙해 질 수 있도록 충분한 활동을 합니다.

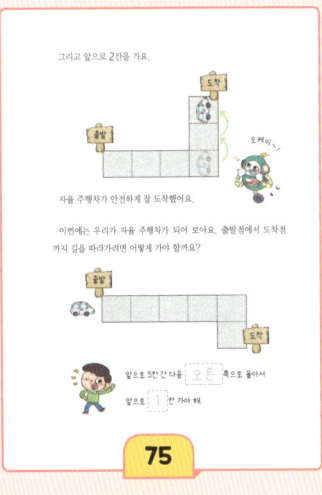

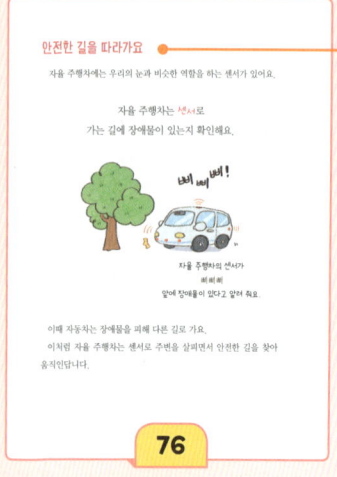

강화 학습

경험에 따라 보상과 벌을 통해 학습하는 것을 강화 학습이라고 합니다. 인공지능은 강화 학습으로 시행착오를 겪으면서 보다 나은 성능의 인공지능으로 발전합니다. 자율 주행차의 경우 운행하는 과정을 평가하며 이를 기반으로 자율 주행의 성능을 높입니다. 아이가 이 과정을 간이로 체험하면서 강화 학습을 느낄 수 있도록 합니다.

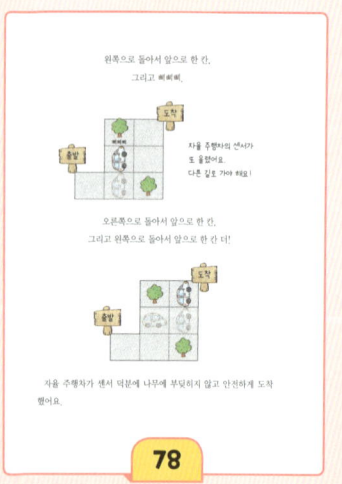

다음과 같이 아이에게 질문하면서 강화 학습에 대해 생각해 볼 수 있게 합니다.

예 • 장애물(나무)을 만났을 때 어떻게 했니?
• 네가 자율 주행차라면 '삐삐삐' 소리를 들었을 때 어떻게 움직일 거니?
• 자율 주행차에서 인공지능의 역할은 무엇일까?

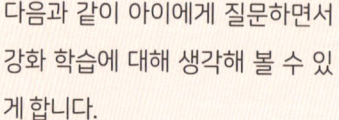

이렇게 활동해 보세요.

장애물을 피해 도착점까지 갈 때 어느 길로 가느냐에 따라 효율성에 차이가 있을 수 있습니다. 아이들은 이 활동을 하면서 자연스럽게 빠르고 효율적인 길을 찾아 갈 것입니다.

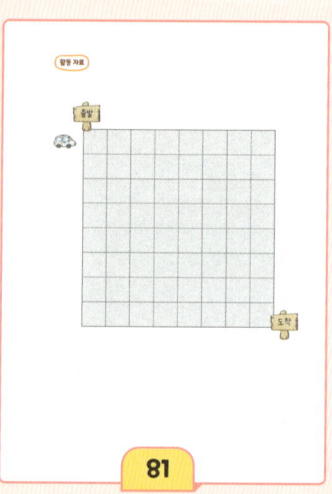

도시를 달리는 자동차를 만들어요

스크래치 주니어(Scratch Jr)는 블록 코딩을 통해 자신만의 캐릭터에 생명을 불어넣을 수 있는 프로그램이에요.

스크래치 주니어는 스마트폰 또는 태블릿 컴퓨터를 이용하여 접속할 수 있어요.

다음 QR 코드를 통해 프로그램을 다운받을 수 있어요. 기기에 따라 알맞은 QR 코드를 활용하여 프로그램을 설치해 보세요.

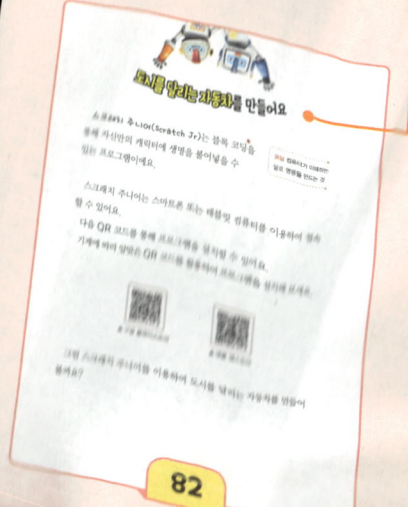

3) 스크래치 주니어를 이용하여 도시를 달리는 자동차를 만들어 볼까요?

스크래치 주니어(Scratch Jr)는 아이들이 큰 어려움 없이 코딩하면서 대상을 움직일 수 있게 하는 프로그램입니다. 스크래치 주니어는 태블릿 컴퓨터 용도로 개발된 프로그램으로 태블릿 컴퓨터 또는 스마트폰을 이용하는 것을 권장합니다.

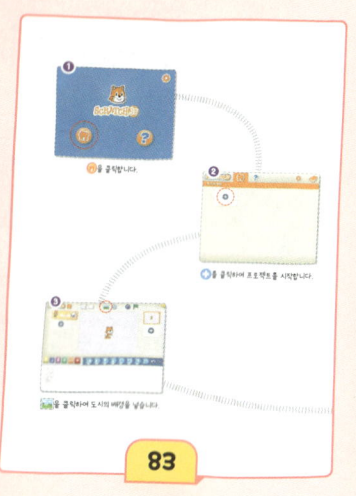

① 을 클릭합니다.
② 을 클릭하여 프로젝트를 시작합니다.
③ 을 클릭하여 도시의 배경을 넣습니다.

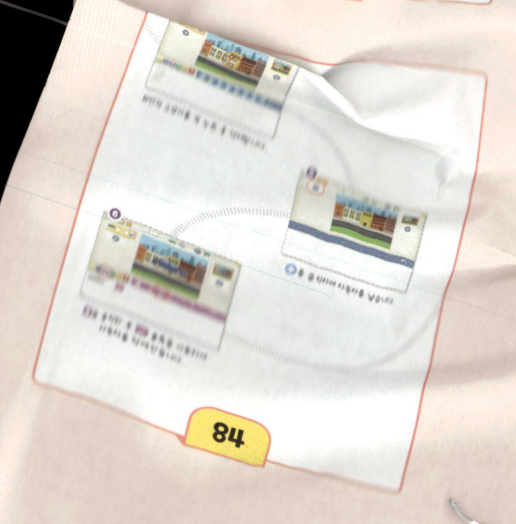

⑦ 자동차를 도로 위로 옮겨 둡니다.
⑧ 화면 아래의 블록으로 코딩한 후 ▶을 클릭하여 자동차가 달리는지 확인합니다.

다른 방법으로 코딩해서 자동차를 움직여 봐~

5 인공지능에게 알려 줘요

지도 학습

이 장에서는 인공지능의 학습 방법 중 하나인 지도 학습에 대해 알아봅니다. 지도 학습은 인공지능에게 정답을 미리 알려 주면서 학습시키는 방법입니다. 즉, 고양이의 특징을 알려 주거나 여러 종류의 고양이를 보여 주면서 '이런 동물이 고양이야.'라고 학습시킨 후, 새로운 동물을 고양이인지, 고양이가 아닌지 판단하게 하면서 학습시키는 방법입니다.

사자와 호랑이를 어떻게 알게 되었는지, 그리고 사자와 호랑이를 어떻게 구분하였는지 이야기를 나눠 봅니다.

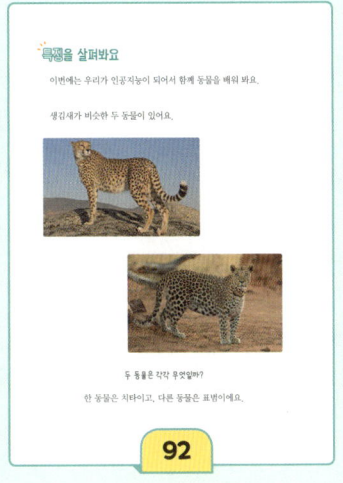

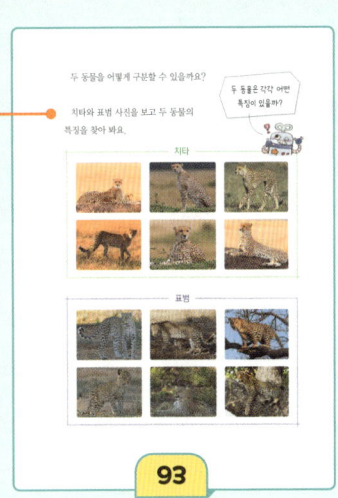

주어진 사진을 보고 치타와 표범에는 어떤 차이가 있는지 자세히 관찰할 수 있도록 합니다. 치타와 표범의 차이점을 찾아 보며 각각 어떤 특징이 있는지 유추할 수 있을 것입니다. 이 과정은 인공지능이 치타와 표범을 학습하는 과정과 비슷하며 이를 통해 아이들이 몸소 인공지능의 학습 과정을 체험할 수 있습니다.

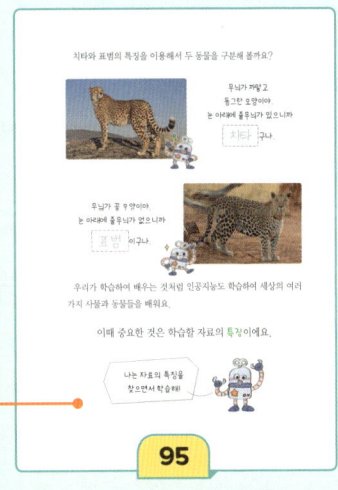

지도 학습과 분류

지도 학습의 과정에서 인공지능은 수많은 이미지에 레이블(이름)을 붙여 가며 학습합니다. 인공지능이 레이블의 특징을 구분하여 학습하면, 새로운 데이터가 주어졌을 때 데이터의 특징을 찾아 무엇인지 구분할 수 있습니다. 이때 이미 학습한 데이터의 특징에 따라 새로운 데이터를 구분하는 것을 분류라고 합니다.

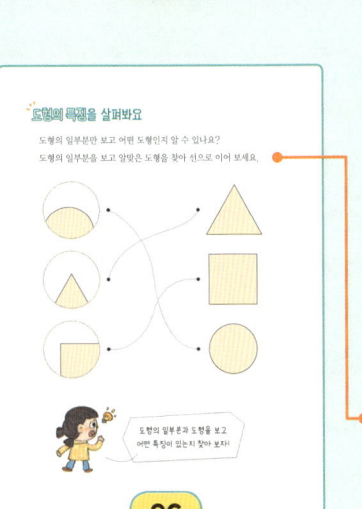

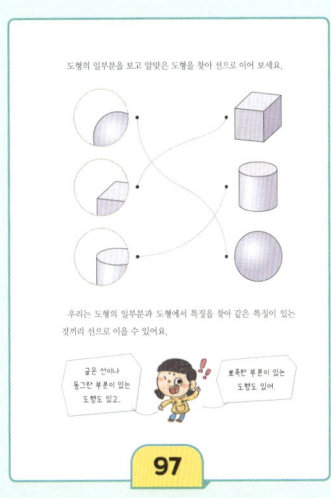

도형의 일부분과 도형을 보고 전체 모양을 유추하면서 **추론적 사고력**을 기를 수 있습니다.

17

인공지능과 귀납법

인공지능은 다양한 예시를 통해 일반화에 도달하는 귀납적인 방법으로 도형을 배웁니다. 아이들이 삼각형, 사각형, 원 등의 다양한 예를 살펴보고 도형을 구분할 수 있는 것처럼 인공지능도 비슷한 과정을 거치면서 학습합니다.

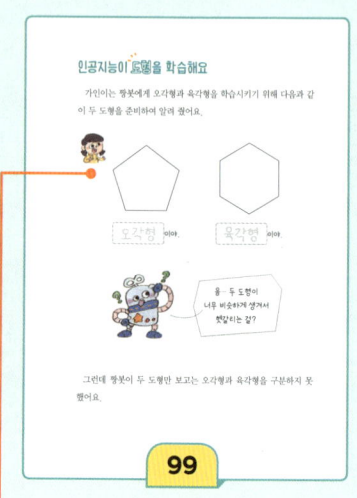

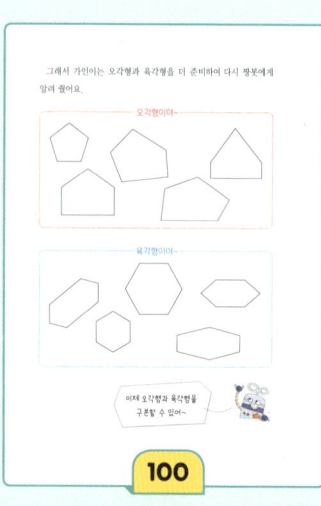

누리 과정에서 삼각형, 사각형, 원, 오각형, 육각형 등의 용어는 다루지 않으므로 아이들에게 용어를 강조할 필요는 없습니다. 도형의 이름보다는 도형의 특징을 아는 것이 중요하므로 도형을 충분히 관찰할 수 있도록 합니다.

보충 도형과 분류 활동

책에서 제시한 오각형, 육각형뿐만 아니라 다양한 도형으로 분류 활동을 해 봅니다. 이 활동에서 중요한 것은 각 도형의 이름을 알거나 성질을 파악하는 것이 아니라 각 도형임을 알 수 있는 핵심적인 특징을 찾는 것입니다.
다양한 도형을 자유롭게 관찰하고 분류할 수 있는 기회를 충분히 줍니다.

▶ **이렇게 활동해 보세요.**
이 활동에서 무엇보다 중요한 것은 분류 기준을 세워 나누어 보는 것입니다. 처음에는 '표정'이라는 단순한 기준을 세워 분류해 보고, 점차 '도형'의 요소를 이용하여 분류하는 활동을 해 봅니다.

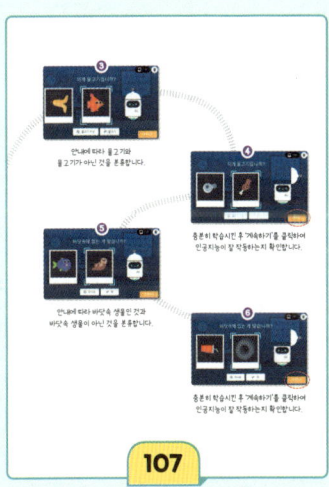

플랫폼을 진행하면 기계 학습에 대한 설명이 나옵니다. 이 설명이 아이에게 어렵다면 '인공지능이 바다의 생물과 쓰레기를 공부하는 중이야.'라고 간단하게 설명해 주셔도 좋습니다.
또한 데이터를 많이 학습할수록 인공지능의 정확도가 높아지므로 인공지능이 학습하는 데이터의 양도 중요함을 알려 주도록 합니다.

6 비슷한 것끼리 모아요

비지도 학습

110

이 장에서는 인공지능의 학습 방법 중 하나인 비지도 학습에 대해 알아봅니다. 비지도 학습은 인공지능에게 학습할 자료를 주면 인공지능이 스스로 자료의 규칙과 특징을 파악하여 공통점을 찾아 가면서 학습하는 방법입니다.

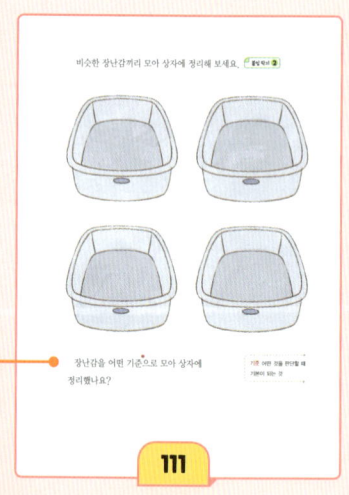

111

112

비슷한 장난감끼리 모을 때 가장 중요한 것은 기준입니다. 아이가 생각한 기준에 따라 잘 모았는지 이야기를 나눠 봅니다.

113

111쪽에서 아이가 모은 결과와 112쪽, 114쪽에서 모은 결과를 비교해 보며 기준에 따라 결과가 다를 수 있음을 알려 줍니다. 또한 각각 어떤 기준에 따라 모았는지 이야기해 봅니다.

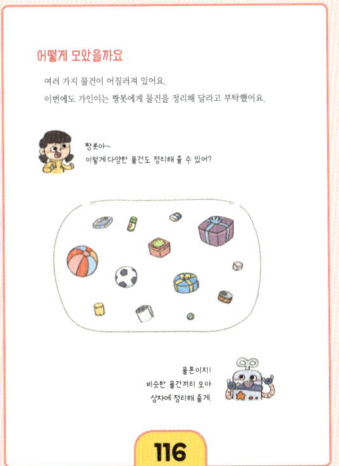

어떤 기준에 따라 물건을 모았는지 알아보는 활동입니다. 모은 물건의 특별한 점, 물건끼리의 공통점 등을 충분히 관찰할 수 있도록 합니다. 또한 이 과정을 통해 모으는 기준은 관점에 따라 여러 가지가 나올 수 있음을 알게 합니다.

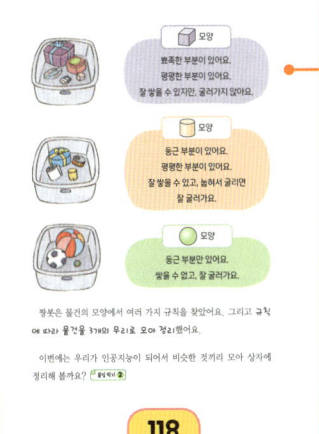

아이가 실제 장난감을 보다가 간단하게 추상화된 입체도형을 보면 어색하게 느낄 수 있습니다. 주위의 물건을 이용하여 많은 입체도형의 예를 보여 줍니다.

물건이 어떤 모양인지 도형의 특징을 바탕으로 유추해 볼 수 있도록 합니다. 물건의 특징을 관찰하며 모으는 기준을 세울 수 있을 것입니다.

21

평면도형을 비슷한 것끼리 모으는 과정에서 각 도형의 특징을 자세히 관찰할 수 있도록 합니다. 특히, 굽은 선과 곧은 선의 차이를 몸소 느낄 수 있도록 직접 다양한 선을 그어 보는 것도 좋은 활동이 될 수 있습니다.

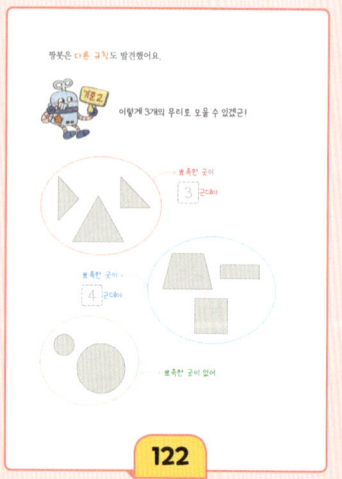

앞에서 살펴보았던 도형과 달리 모자는 다양한 특징을 가지고 있기 때문에 다양한 기준을 세울 수 있습니다. 다음과 같은 질문을 하면서 모자를 관찰할 수 있도록 합니다.

㉠ • 모자의 윗부분과 아랫부분은 어떤 모양이니?
 • 둥글고 뾰족한 것은 어디에서 관찰할 수 있니?

보충 비지도 학습 체험

아이가 좋아하는 동·식물, 공룡, 옷, 블록 등 주변의 다양한 사물을 비슷한 것끼리 모으면서 비지도 학습의 과정을 체험할 수 있도록 합니다.
인공지능의 개념과 더불어 정리 방법을 알 수 있고, 정리 습관을 자연스럽게 기를 수 있습니다.

이렇게 활동해 보세요.
도형 카드뿐만 아니라 다양한 물건을 이용하여 활동할 수도 있습니다. 동물 사진, 옷, 장난감 등 다양한 물건으로 활동해 봅니다.

도형의 색, 모양 등 다양한 기준으로 모을 수 있습니다. 모은 결과를 살펴보고 어떤 기준에 따라 모았는지 자유롭게 이야기해 봅니다.

가정에서 아이와 함께 기준에 따라 분리배출을 해 봅니다. 분리배출을 하면서 사고력과 환경을 생각하는 마음을 기를 수 있습니다.

7 현명하게 판단해요

의사결정나무

의사결정나무는 '예', '아니요'로 결정되는 질문과 질문에 따른 결과물을 나뭇가지와 같은 모양으로 도식화한 것입니다. 다양한 데이터를 간단한 질문으로 분석할 수 있습니다. 적절한 질문을 계속할수록 데이터의 분류 기준이 점점 명확해지므로 분류 기준이 되는 질문을 어떻게 하는지가 가장 중요합니다.

'옷 고르기'와 같이 일상생활의 선택 과정에서 의사결정나무가 도움이 될 수 있음을 알 수 있습니다. '비가 오나요?', '기온이 22도보다 높나요?'와 같이 조건에 따라 다른 결과가 나올 수 있다는 것을 알도록 합니다.

24

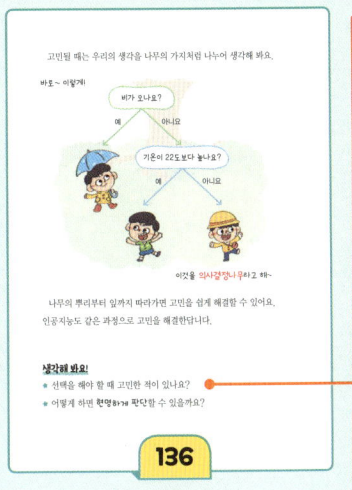

아이가 일상생활에서 겪을 수 있는 선택과 관련된 상황에 대해 이야기해 봅니다. 그리고 어떤 기준으로 선택하는지 이야기를 나눠 봅니다.

의사결정나무의 핵심은 바로 '질문'입니다. 아이가 실제로 선물을 고를 때(또는 장난감을 고를 때) 스스로에게 어떤 질문을 던지며 어떤 조건을 고려하는지 이야기해 봅니다.

의사결정나무는 스무고개와 비슷합니다. 스무고개에서 질문을 주고받으며 정답에 가까워지는 과정이 곧 의사결정나무의 알고리즘입니다. 아이와 스무고개 놀이를 해 보는 것도 **논리적 사고력**을 기르는 데 도움이 될 것입니다.

아이가 입체도형을 어려워 할 수도 있습니다. 책에서 제시한 입체도형과 비슷하게 생긴 물건을 함께 찾아보며 직접 관찰할 수 있도록 합니다.

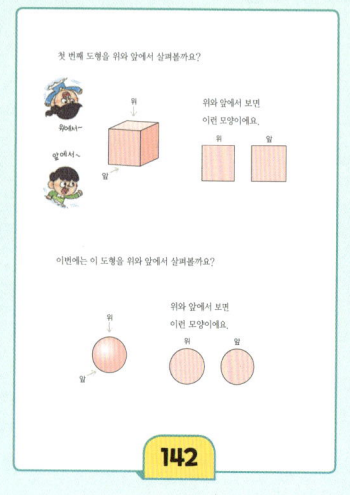

아이가 앞에서 본 모양과 위에서 본 모양이 다를 수 있다는 것에 대해 어색해 할 수도 있습니다. 주변에 있는 원기둥 모양의 물건을 관찰하면서 위와 앞에서 본 모양을 비교해 보도록 합니다.

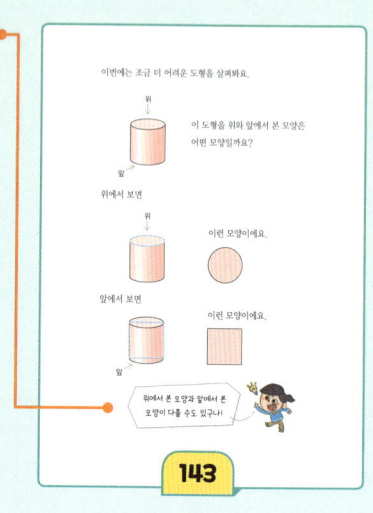

분류를 계속하기 위해서는 구와 원기둥을 구분 지을 수 있는 조건이 필요합니다. 위에서 본 모양은 모두 원으로 같으므로 앞에서 본 모양으로 도형을 구분 지어 봅니다.

길어진 의사결정나무

앞에서 활동했던 의사결정나무보다 갈래가 많아지고 길어졌습니다. 긴 갈래를 하나씩 따라가며 입체도형을 분류해 봅니다. 이 또한 **수학적 의사소통**의 과정을 경험할 수 있는 좋은 활동입니다.

더불어 분류 기준에 따라 입체도형을 분류하면서 도형의 단면을 떠올리는 과정을 통해 **공간 감각**을 기를 수 있습니다.

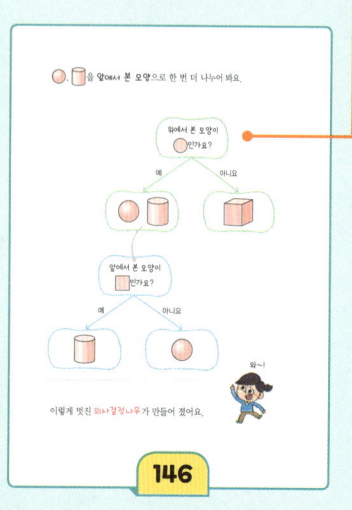

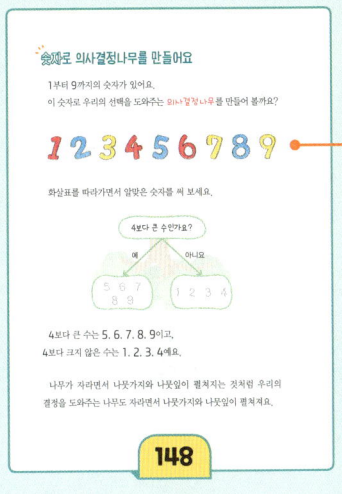

1부터 9까지의 숫자를 종이에 쓴 후 자유롭게 분류하는 활동을 해 봅니다. 기준을 정하고 숫자를 분류하면서 의사결정나무를 익숙하고 쉽게 받아들일 수 있습니다.

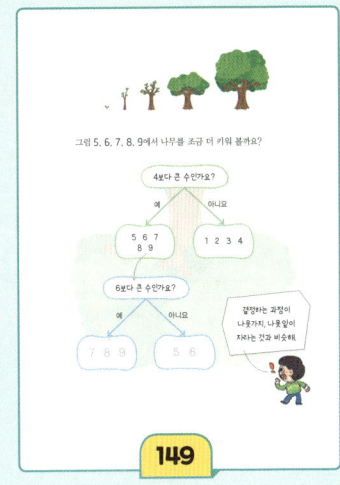

6보다 크지 않은 수

의사결정나무의 과정을 말로 표현하다 보면 '크지 않은 수', '작지 않은 수' 등의 표현을 사용해야 합니다. '예', '아니요'로 표현하던 과정을 익숙하게 생각한다면 어렵지 않게 이해할 수 있을 것입니다.
'(3보다 크지 않은 수) = 1, 2, 3'
'(6보다 작지 않은 수) = 6, 7, 8, 9'
와 같이 다양한 표현 방법에 익숙해질 수 있도록 합니다.

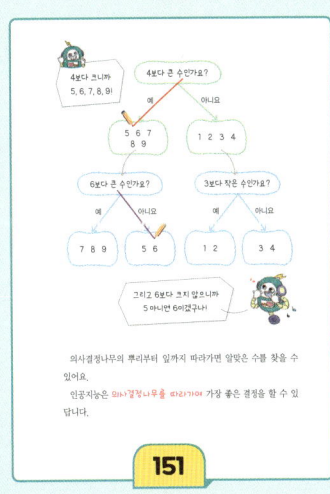

이렇게 활동해 보세요.

앞에서 학습한 내용을 바탕으로 숫자와 도형을 직접 유추해 보며 의사결정나무를 자연스럽게 체험할 수 있는 활동입니다. 정답을 맞히기 위해 질문하면서 **논리적 사고력**과 **추론적 사고력**을 기를 수 있습니다.

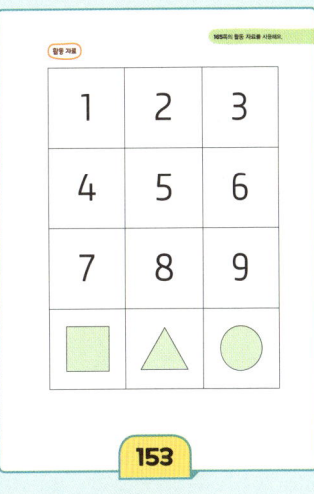

27

보충 사람들의 호칭 정리

주어진 의사결정나무를 보고 아이 주변의 다양한 관계에 있는 사람들의 호칭을 정리해 보는 활동을 해 봅니다.

선생님, 부모님! 여기 보세요

지도할 때 필요한 내용을 모았어요

도형의 일부분을 보고 알맞은 도형을 찾아 선으로 이어 보세요.

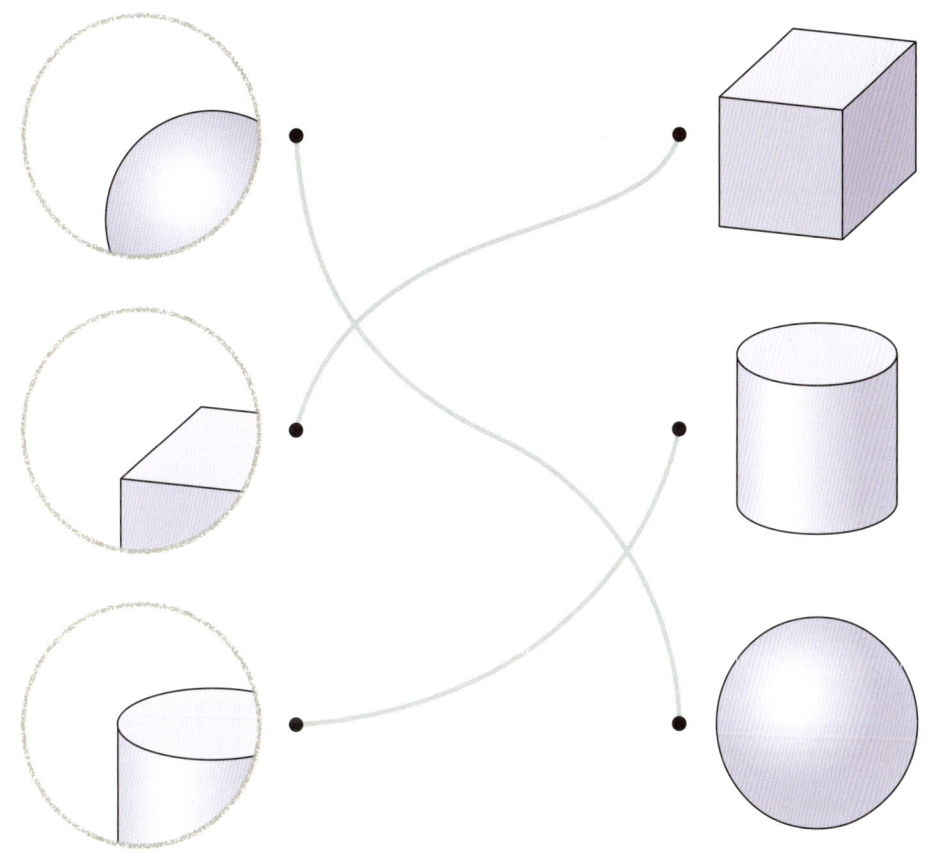

우리는 도형의 일부분과 도형에서 특징을 찾아 같은 특징이 있는 것끼리 선으로 이을 수 있어요.

우리는 이미 도형에 대해 배웠기 때문에 문제를 쉽게 풀 수 있어요. 하지만 도형에 대해 배우지 않은 인공지능에게는 도형의 일부분만 보고 알맞은 도형을 찾는 것이 어려울 수 있어요.

그렇기 때문에 우리가 인공지능에게 도형이 무엇인지 알려 주어야 해요.

도형을 학습시키면
인공지능은 도형을 구분할 수 있답니다.

나는 학습할수록 더 똑똑해져~

인공지능이 도형을 학습해요

가인이는 짱봇에게 오각형과 육각형을 학습시키기 위해 다음과 같이 두 도형을 준비하여 알려 줬어요.

그런데 짱봇이 두 도형만 보고는 오각형과 육각형을 구분하지 못했어요.

그래서 가인이는 오각형과 육각형을 더 준비하여 다시 짱봇에게 알려 줬어요.

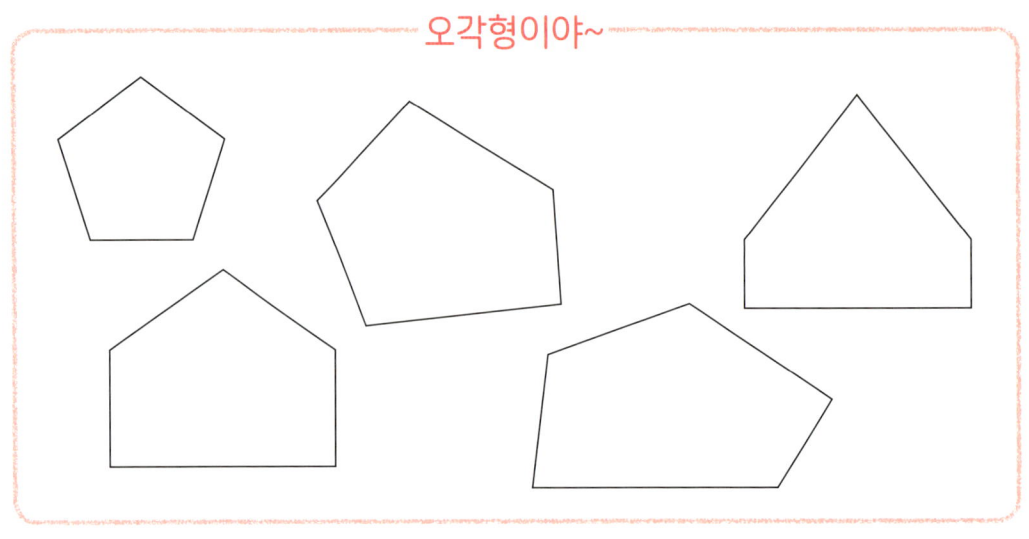

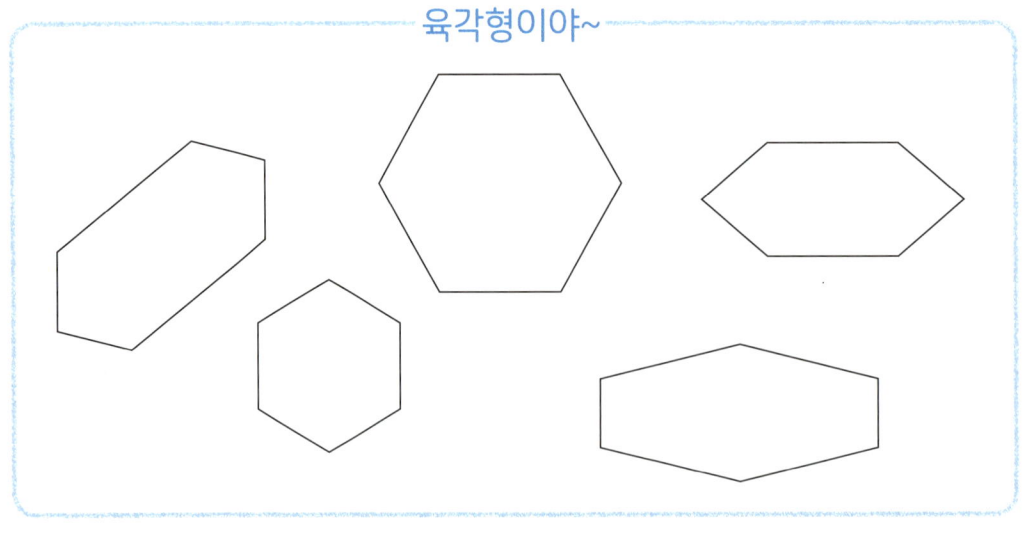

이제 오각형과 육각형을 구분할 수 있어~

짱봇은 가인이가 알려 준 도형으로 오각형과 육각형을 학습하고, 두 도형의 특징을 찾았어요.

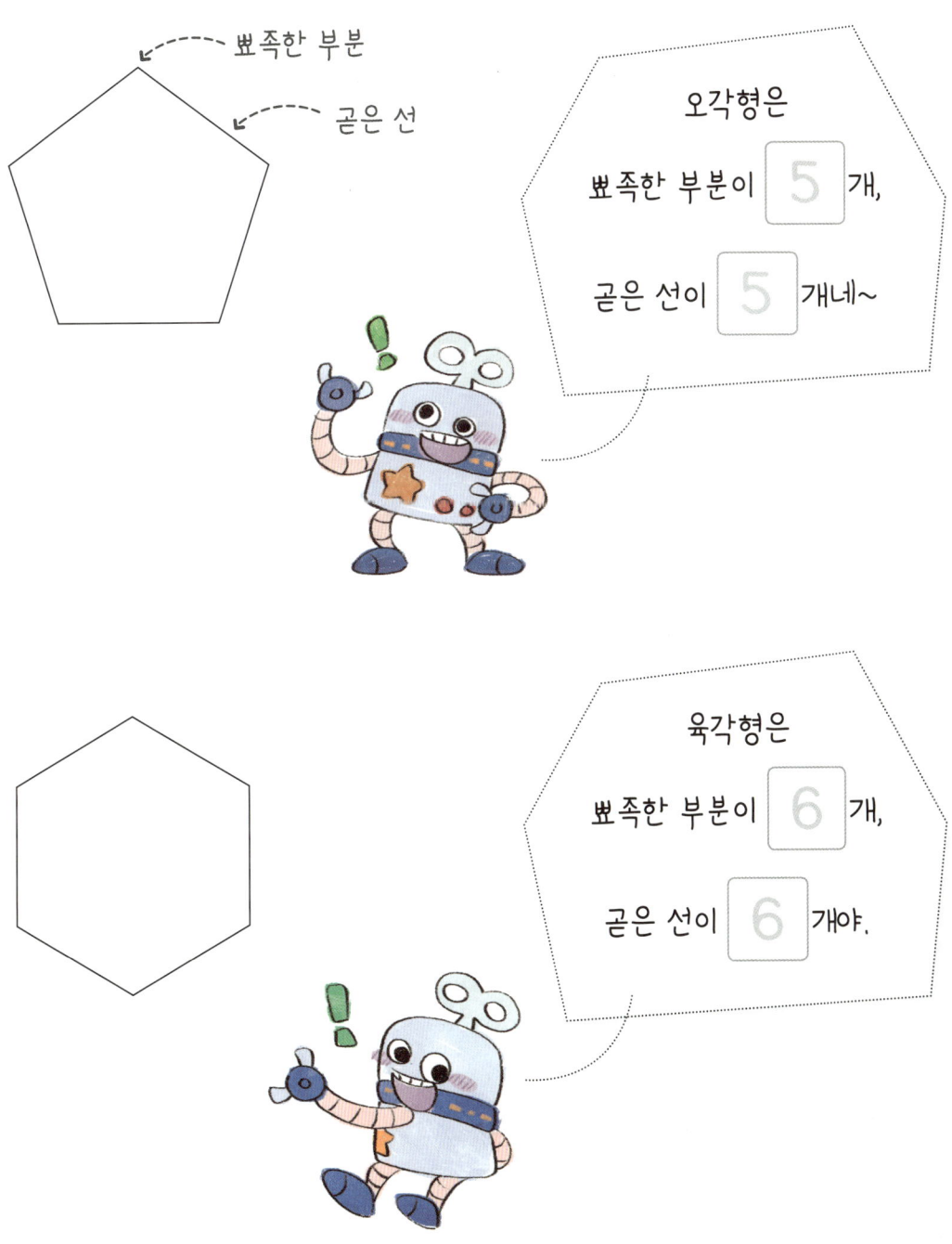

짱봇이 오각형과 육각형을 바르게 학습했는지 확인해 볼까요?

이것의 모양은 무슨 도형일까?

오각형 이야.

이것의 모양은 무슨 도형일까?

육각형 이야.

여러 가지 오각형과 육각형을 분류하여 알려 주면 인공지능은 오각형과 육각형의 특징을 찾으면서 학습해요.

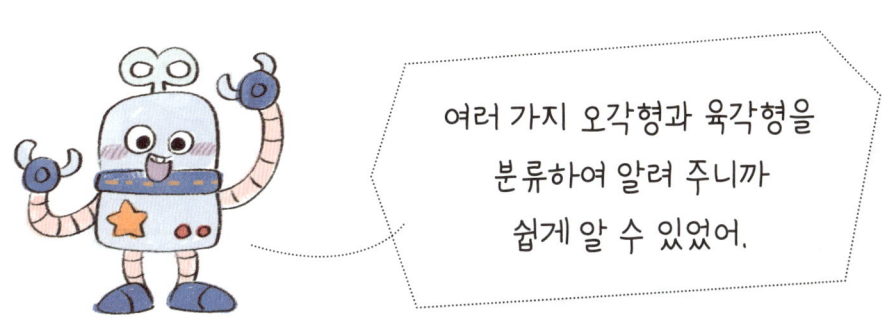

여러 가지 오각형과 육각형을 분류하여 알려 주니까 쉽게 알 수 있었어.

인공지능은 우리가 알려 주는 것들을 통해 우리 주변의 많은 정보를 배우며 분류할 수 있어요.

이와 같이 **우리가 직접 정답을 알려 주면서 인공지능을 학습시키는 방법**을 지도 학습이라고 해요.

나만의 표정을 분류해요

활동 방법

✿ 준비물: 붙임 딱지 2 　✿ 인원: 2명

❶ 얼굴 종이의 눈과 입 부분에 붙임 딱지 2 의 모양 조각을 붙여 얼굴을 완성합니다.

❷ 한 명이 기준을 정한 후 얼굴을 기준에 따라 분류합니다.
　㉠ 기준: 얼굴의 표정, 눈의 모양, 입의 모양 등

❸ 다른 한 명은 분류한 것을 보고 어떤 기준에 따라 분류했는지 맞혀 봅니다.

❹ 서로 역할을 바꾸어 ❷~❸의 과정을 반복합니다.

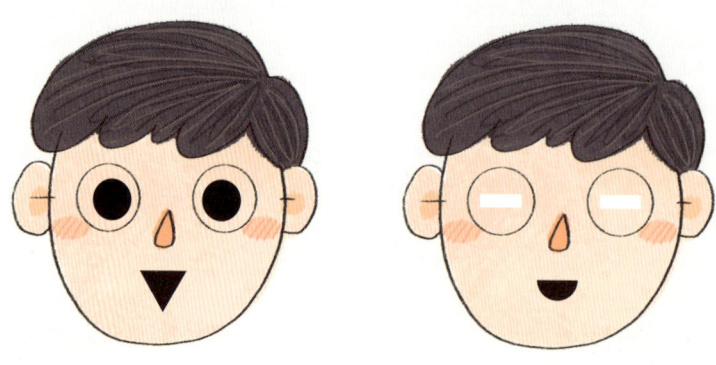

활동 자료

161쪽의 활동 자료를 사용해요.

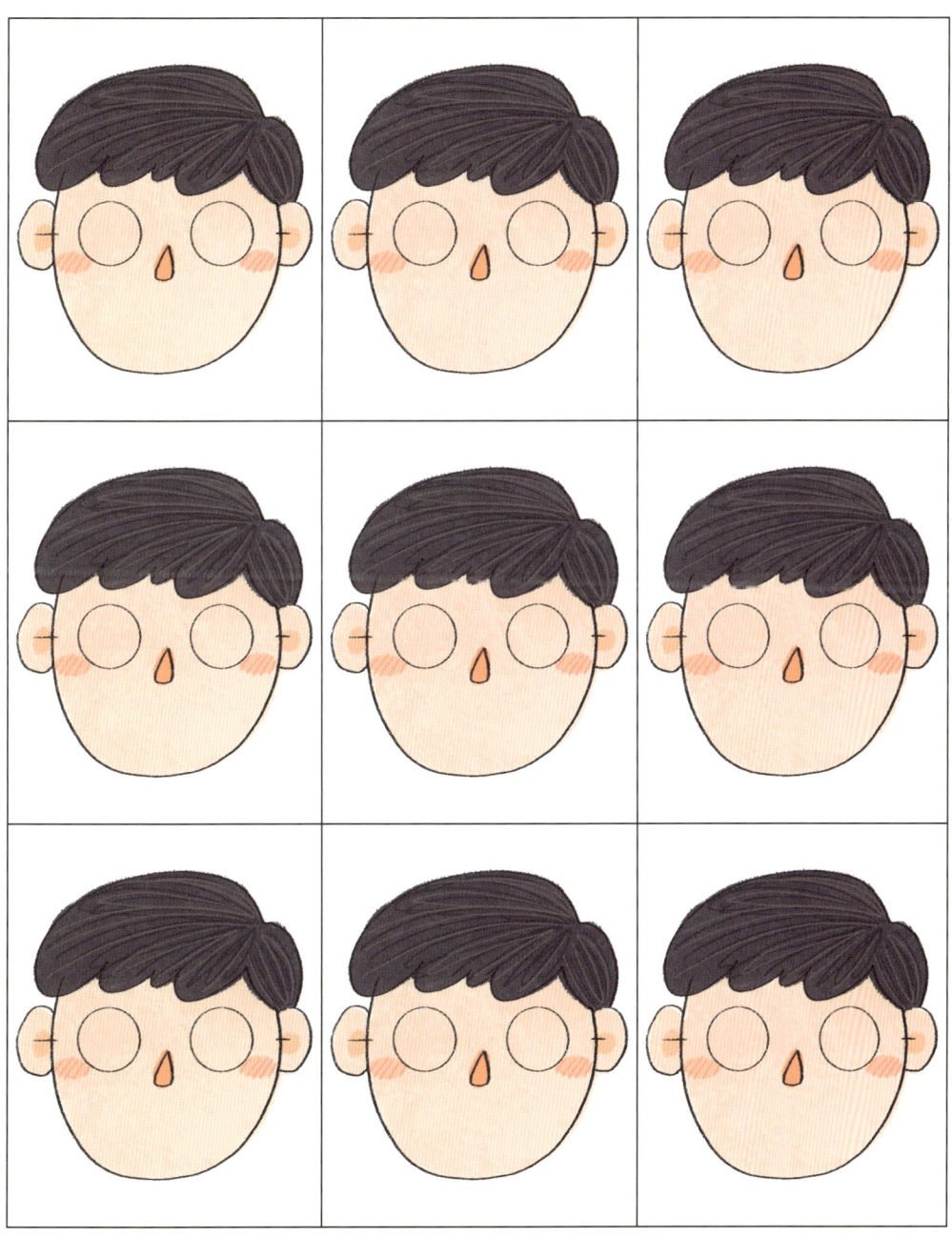

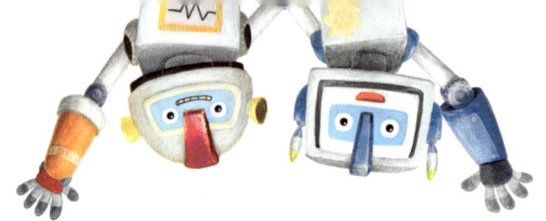

바다를 위한 AI

바다를 위한 AI(AI for Oceans)는 바다의 쓰레기를 분류해 보며 인공지능의 지도 학습 원리를 즐겁게 배울 수 있는 프로그램이에요.

인공지능이 지도 학습을 어떻게 하는지 함께 체험해 볼까요?

구글(Google)에서 '바다를 위한 AI'를 검색한 후 접속합니다.

'지금 해보기'를 클릭합니다.

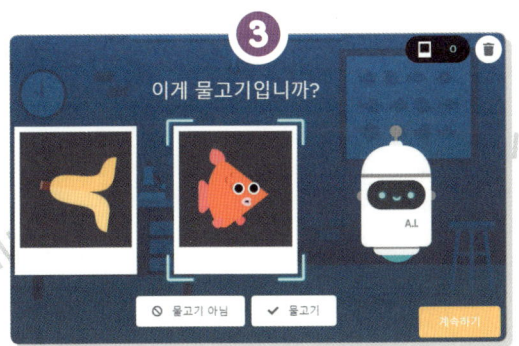

안내에 따라 물고기와
물고기가 아닌 것을 분류합니다.

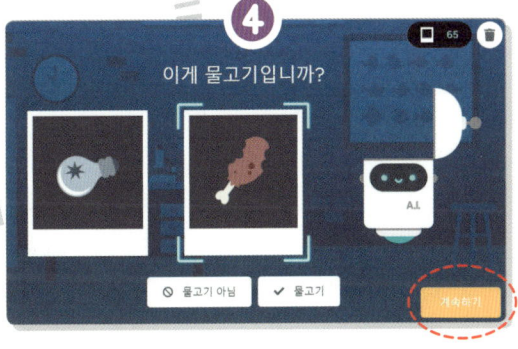

충분히 학습시킨 후 '계속하기'를 클릭하여
인공지능이 잘 작동하는지 확인합니다.

안내에 따라 바닷속 생물인 것과
바닷속 생물이 아닌 것을 분류합니다.

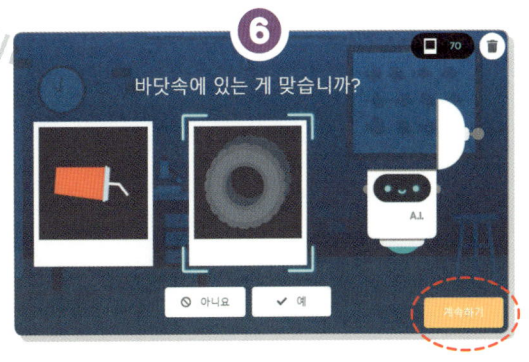

충분히 학습시킨 후 '계속하기'를 클릭하여
인공지능이 잘 작동하는지 확인합니다.

비슷한 것끼리 모아요

비지도 학습

- 자료를 비슷한 것끼리 모아요
- 다양한 모양을 관찰해요

비지도 학습

가인이는 동생과 함께 장난감을 가지고 신나게 놀았어요.
바닥에 장난감들이 어질러져 있어요.

비슷한 장난감끼리 모아 상자에 정리하렴.

비슷한 장난감끼리 모아 상자에 정리해 보세요.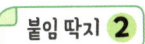

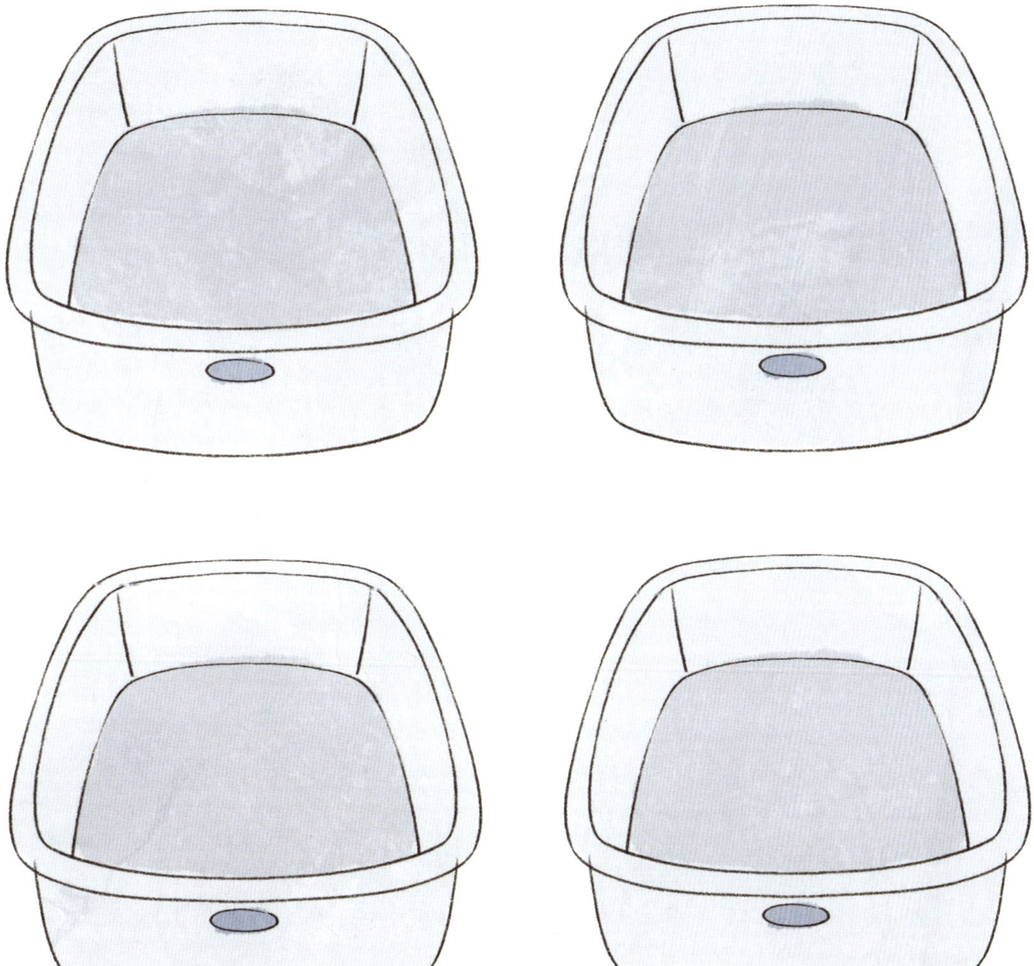

장난감을 어떤 기준으로 모아 상자에 정리했나요?

> 기준 어떤 것을 판단할 때 기본이 되는 것

가인이와 동생은 장난감을 다음과 같이 정리했어요.

가인이와 동생은 장난감을 어떤 기준으로 모아 상자에 정리했나요?

맞아요. **같은 종류의 물건**끼리 정리했답니다.

다음 날이 되었어요.

오늘도 가인이는 동생과 함께 장난감을 가지고 신나게 놀았어요.

이때 짱봇이 나타났어요.

짱봇은 장난감을 다음과 같이 정리했어요.

짱봇은 장난감을 어떤 기준으로 정리했나요?

맞아요. **같은 색의 물건**끼리 정리했답니다.

우리가 장난감을 비슷한 것끼리 모아 정리한 것처럼 인공지능도 스스로 비슷한 것끼리 모아 정리할 수 있어요.

생각해 봐요!

★ 규칙을 만들어 본 적이 있나요?

★ 물건을 규칙에 따라 정리해 본 적이 있나요?

어떻게 모았을까요

여러 가지 물건이 어질러져 있어요.

이번에도 가인이는 짱봇에게 물건을 정리해 달라고 부탁했어요.

짱봇아~
이렇게 다양한 물건도 정리해 줄 수 있어?

물론이지!
비슷한 물건끼리 모아
상자에 정리해 줄게.

짱봇은 먼저 물건의 모양을 관찰하고, 물건의 모양에서 규칙을 찾았어요.

그리고 규칙에 따라 물건을 다음과 같이 정리했어요.

짱봇이 물건의 모양에서 어떤 규칙을 찾았는지 함께 알아볼까요?

물건의 모양에서
어떤 같은 점을
찾을 수 있을까?

 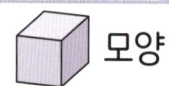 모양

뽀족한 부분이 있어요.
평평한 부분이 있어요.
잘 쌓을 수 있지만, 굴러가지 않아요.

  모양

둥근 부분이 있어요.
평평한 부분이 있어요.
잘 쌓을 수 있고, 눕혀서 굴리면
잘 굴러가요.

  모양

둥근 부분만 있어요.
쌓을 수 없고, 잘 굴러가요.

짱봇은 물건의 모양에서 여러 가지 규칙을 찾았어요. 그리고 **규칙에 따라 물건을 3개의 무리로 모아 정리**했어요.

이번에는 우리가 인공지능이 되어서 비슷한 것끼리 모아 상자에 정리해 볼까요? 붙임 딱지 ②

모양 조각을 여러 가지 방법으로 모아모아

여러 가지 모양 조각이 있어요.
짱봇은 비슷한 것끼리 모으기 위해 모양 조각을 관찰했어요.

짱봇은 발견한 규칙에 따라 모양 조각을 모았어요.

이렇게 2개의 무리로 모을 수 있겠군!

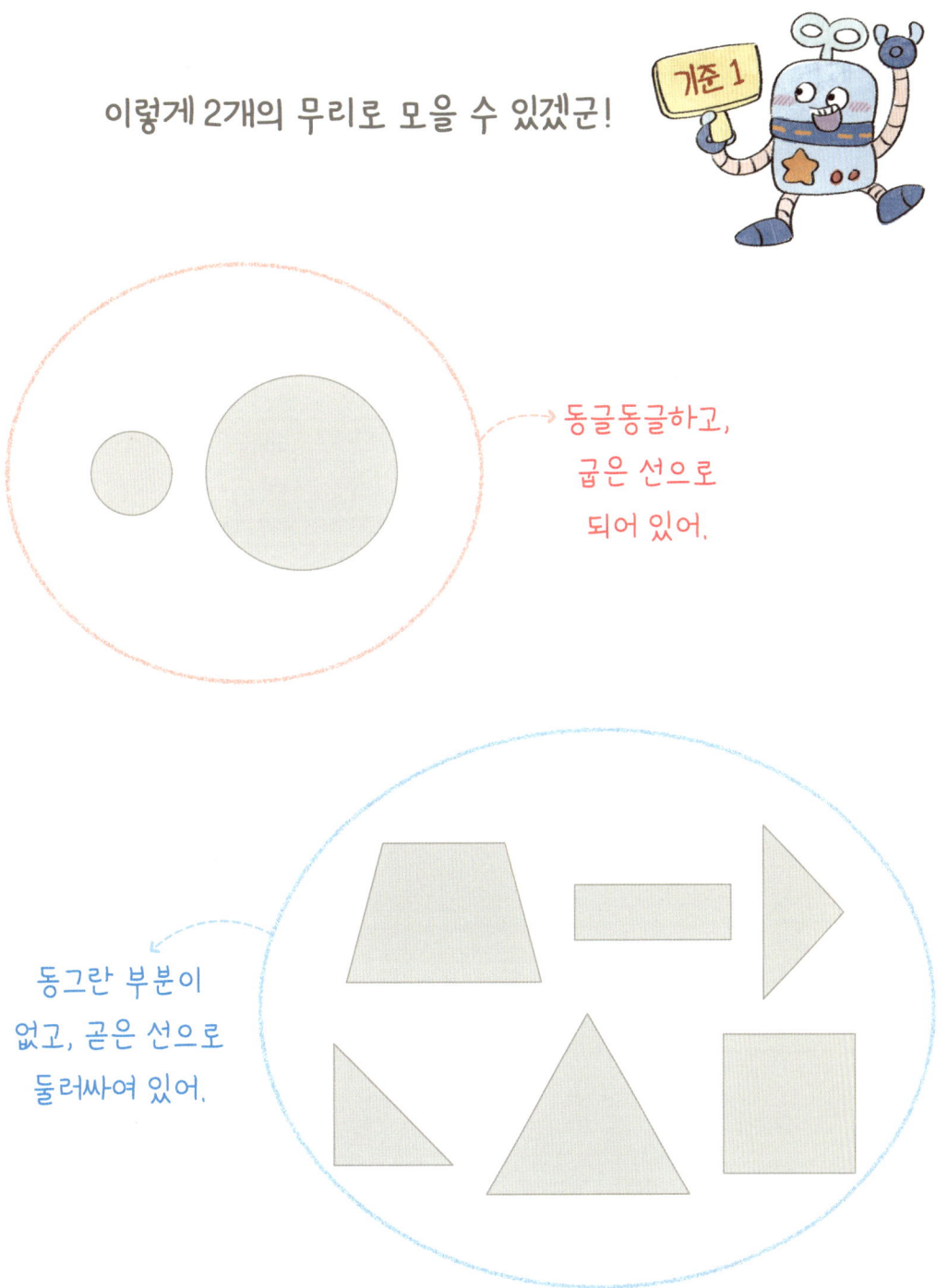

동글동글하고, 굽은 선으로 되어 있어.

동그란 부분이 없고, 곧은 선으로 둘러싸여 있어.

짱봇은 다른 규칙도 발견했어요.

이렇게 3개의 무리로 모을 수 있겠군!

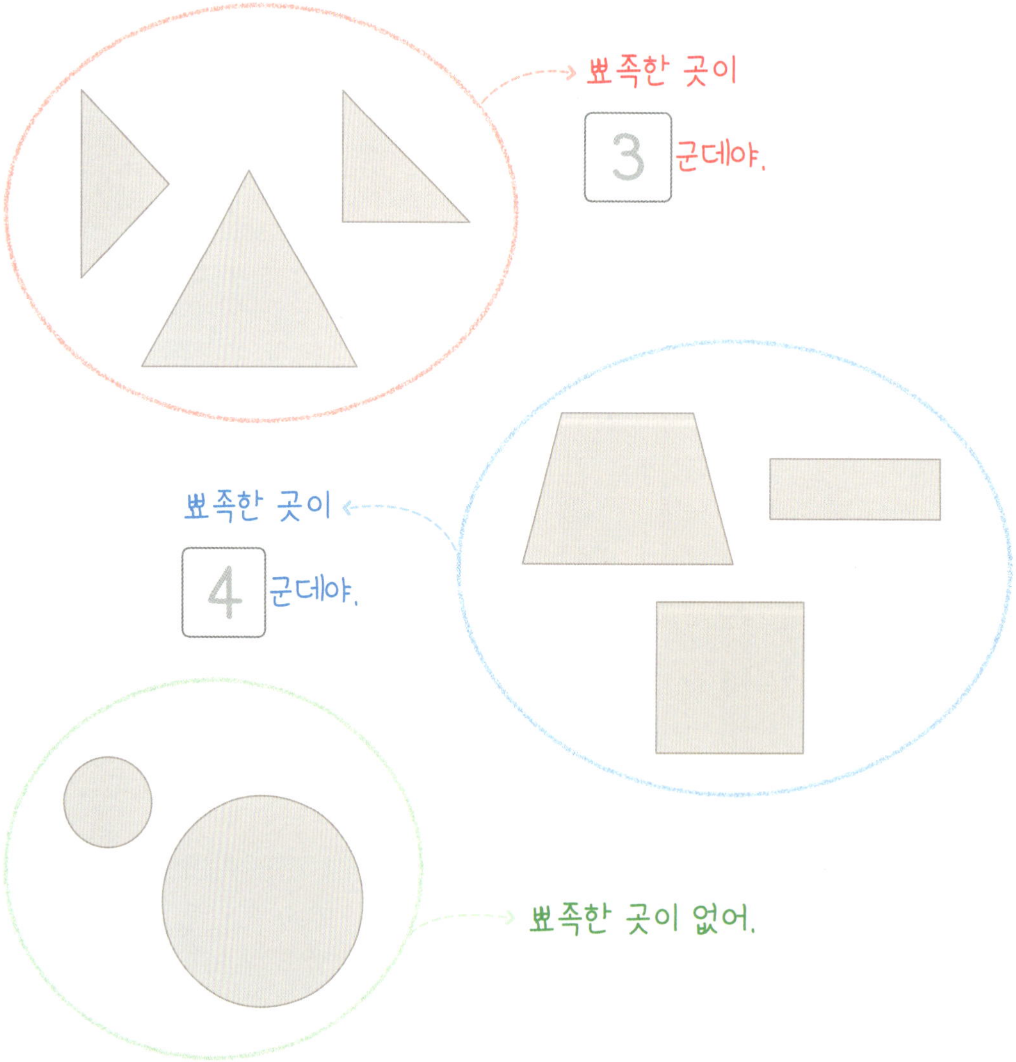

뾰족한 곳이 3 군데야.

뾰족한 곳이 4 군데야.

뾰족한 곳이 없어.

짱봇은 모양 조각에서 규칙을 찾아 2가지 기준으로 조각을 모았어요.

이처럼 인공지능은 스스로 규칙을 찾아 비슷한 것끼리 모을 수 있답니다.

모양에서 규칙을 찾아 비슷한 것끼리 모았지~

이와 같이 인공지능이 스스로 **규칙을 찾아 비슷한 것끼리 여러 무리로 모으면서 학습하는 방법**을 비지도 학습이라고 해요.

우리가 인공지능이 되어서 모자를 비슷한 것끼리 모아 볼까요?

붙임 딱지 3

이번에는 다른 규칙을 정하여 모자를 비슷한 것끼리 모아 보세요.

붙임 딱지 3

비슷한 것끼리 모아서 붙여 봐~

같은 모자라도 무엇을 기준으로 정하느냐에 따라 여러 가지 방법으로 모을 수 있답니다.

생각을 맞혀라

활동 방법   ✿ 인원: 2~4명

① 인공지능 역할을 할 친구를 정합니다.

② 인공지능 역할을 할 친구는 도형 카드를 비슷한 것끼리 모읍니다.

③ 다른 친구들은 한 명씩 돌아가며 도형 카드를 어떻게 모았는지 말합니다.

④ 도형 카드를 어떻게 모았는지 정답을 말한 친구를 찾습니다.

⑤ 인공지능 역할을 할 친구를 바꾼 후 ②~④의 과정을 반복합니다.

163쪽의 활동 자료를 사용해요.

활동 자료

분리배출은 즐거워요

오늘은 분리배출을 하는 날이란다.

제가 도울게요!

페트병, 유리병, 종이, 캔, 이렇게 나누면 되겠죠?

이렇게!

그렇지. 하나씩 함께 분리배출을 해 볼까?

저도 분리배출을 도울게요.

짜잔

좋았어~!

분리배출을 어떻게 해야 할까요?

다음 영상을 보면서 올바른 분리배출에 대해 배워 보아요.

[출처: 동작구청]

스마트폰의 카메라로 찍어 봐~!

현명하게 판단해요

의사결정나무

- 도형을 다양한 방향에서 살펴봐요
- 규칙에 따라 수와 도형을 나누어 보아요
- 수의 크기를 알아봐요

의사결정나무

내일은 즐거운 소풍날이에요.
재희가 어떤 옷을 입을지 고민하고 있어요.

재희는 내일 날씨에 따라 입을 옷을 정하려고 해요.

그래서 텔레비전에서 일기예보를 봤어요.

오늘 밤에 비가 그친 후
내일은 하루 종일 날씨가 맑겠습니다.
기온은 20도로 선선하겠습니다.

기온 온도를 나타내는 말

재희는 내일 날씨가 맑다는 일기예보에 기분이 좋아졌어요.

소풍날 재희가 **날씨에 맞게** 옷을 골라 입었어요.

하루 종일 날씨가 맑으니까
우산은 챙기지 않아도 되겠어!
그리고 선선하니까 긴 옷으로
잘 챙겨 입어야지!

133

재희는 옷을 어떻게 골랐을까요?

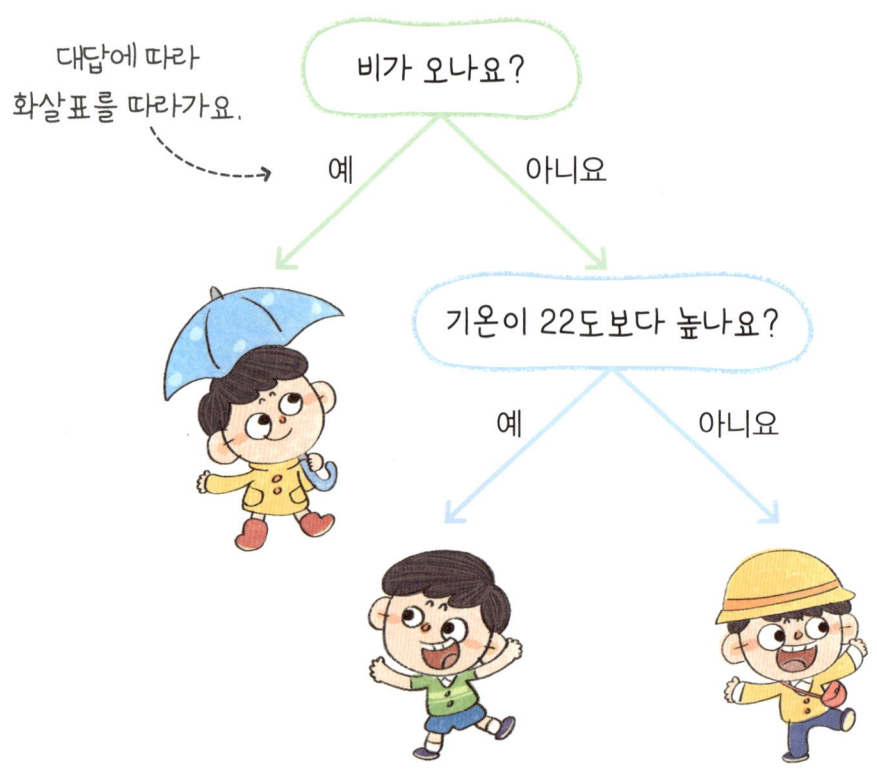

만약 비가 온다면 이렇게  입었을 것이고,

기온이 22도보다 높아 따뜻했다면 이렇게  입었을 거예요.

하지만 날씨가 맑고, 기온이 20도로 선선하기 때문에 재희가 옷을 이렇게 입은 거예요.

우리는 세상을 살아가면서 여러 가지 선택을 해요.
때때로 어떻게 선택할지 고민하지요.

고민될 때는 우리의 생각을 나무의 가지처럼 나누어 생각해 봐요.

바로~ 이렇게!

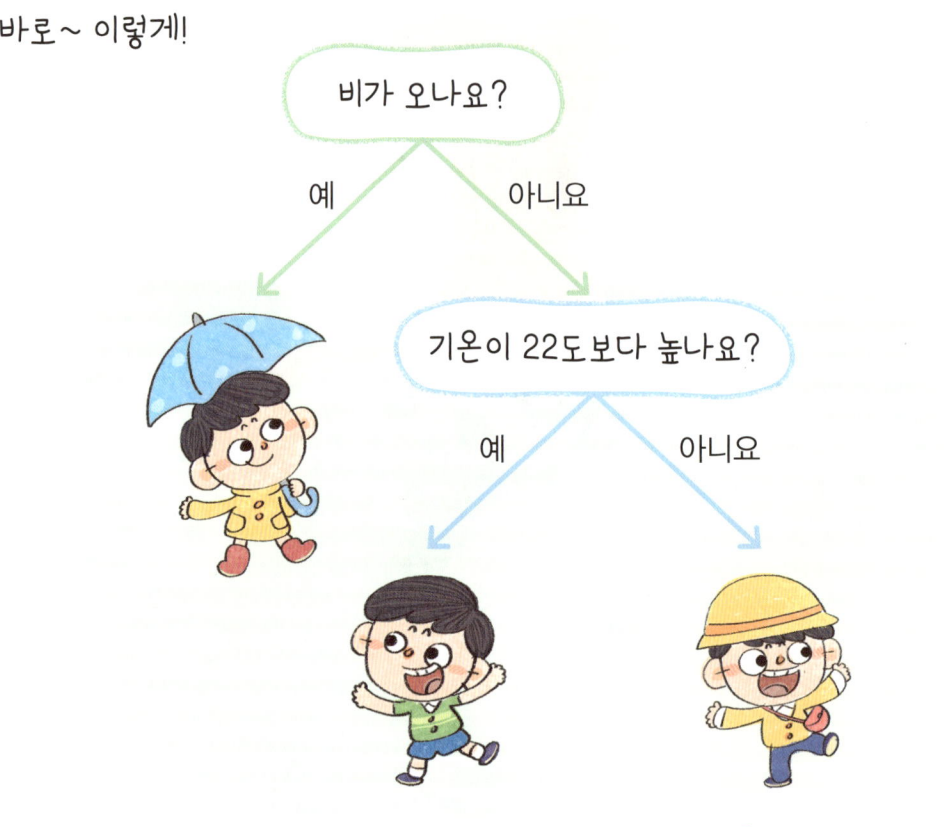

이것을 **의사결정나무**라고 해~

나무의 뿌리부터 잎까지 따라가면 고민을 쉽게 해결할 수 있어요. 인공지능도 같은 과정으로 고민을 해결한답니다.

생각해 봐요!

★ 선택을 해야 할 때 고민한 적이 있나요?

★ 어떻게 하면 **현명하게 판단**할 수 있을까요?

어떤 선물을 할까

내일은 친구 유진이의 생일이에요.

재희는 어떤 선물을 할지 고민하고 있어요.

고민하던 재희는 문구점에 갔어요.

재희는 목걸이, 크레파스, 인형 중에서 무엇을 살지 고민하고 있어요.

이때 가게에 있던 깨봇이 나타났어요.

 친구가 반짝반짝 빛나는 것을 좋아하니?

 음… 아니~

 친구가 그림 그리는 것을 좋아하니?

 음… 좋아하지 않는 것 같아.

 그럼 친구에게 인형을 선물하면 될 것 같아!

 어떻게 알았어?

선택을 도와주는
의사결정나무 덕분이야.
이렇게~

친구가 반짝반짝 빛나는 것을 좋아하니?

예   아니요

친구가 그림 그리는 것을 좋아하니?

예   아니요

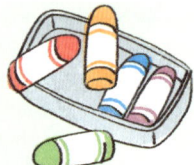 

고민될 때 나무를 따라가니까 선택하기 정말 쉽구나!

도형으로 의사결정나무를 만들어요

주변에서 다음 도형과 모양이 비슷한 물건을 본 적이 있나요?

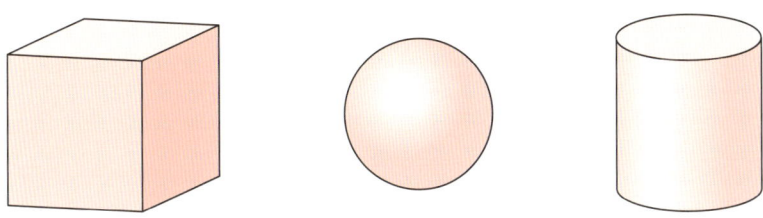

도형을 요리조리 관찰해 보세요.
어떤 특징을 찾을 수 있나요?

특징 다른 것에 비해 특별히 눈에 뜨이는 점

첫 번째 도형을 위와 앞에서 살펴볼까요?

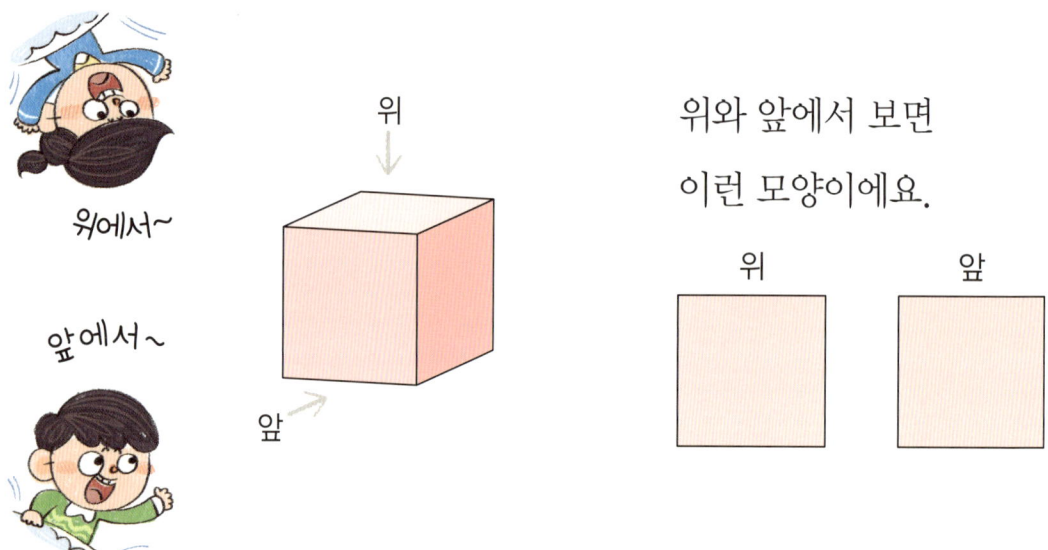

이번에는 이 도형을 위와 앞에서 살펴볼까요?

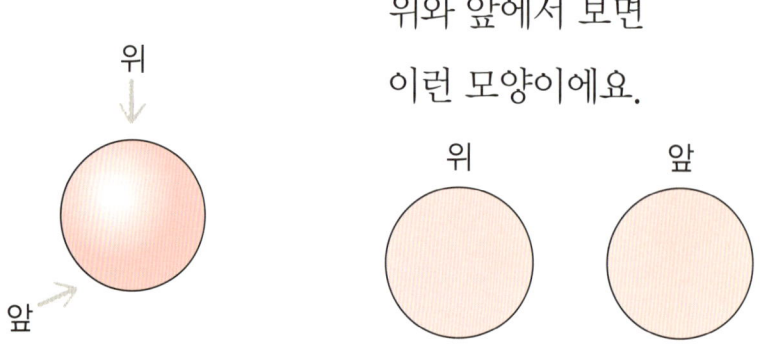

이번에는 조금 더 어려운 도형을 살펴봐요.

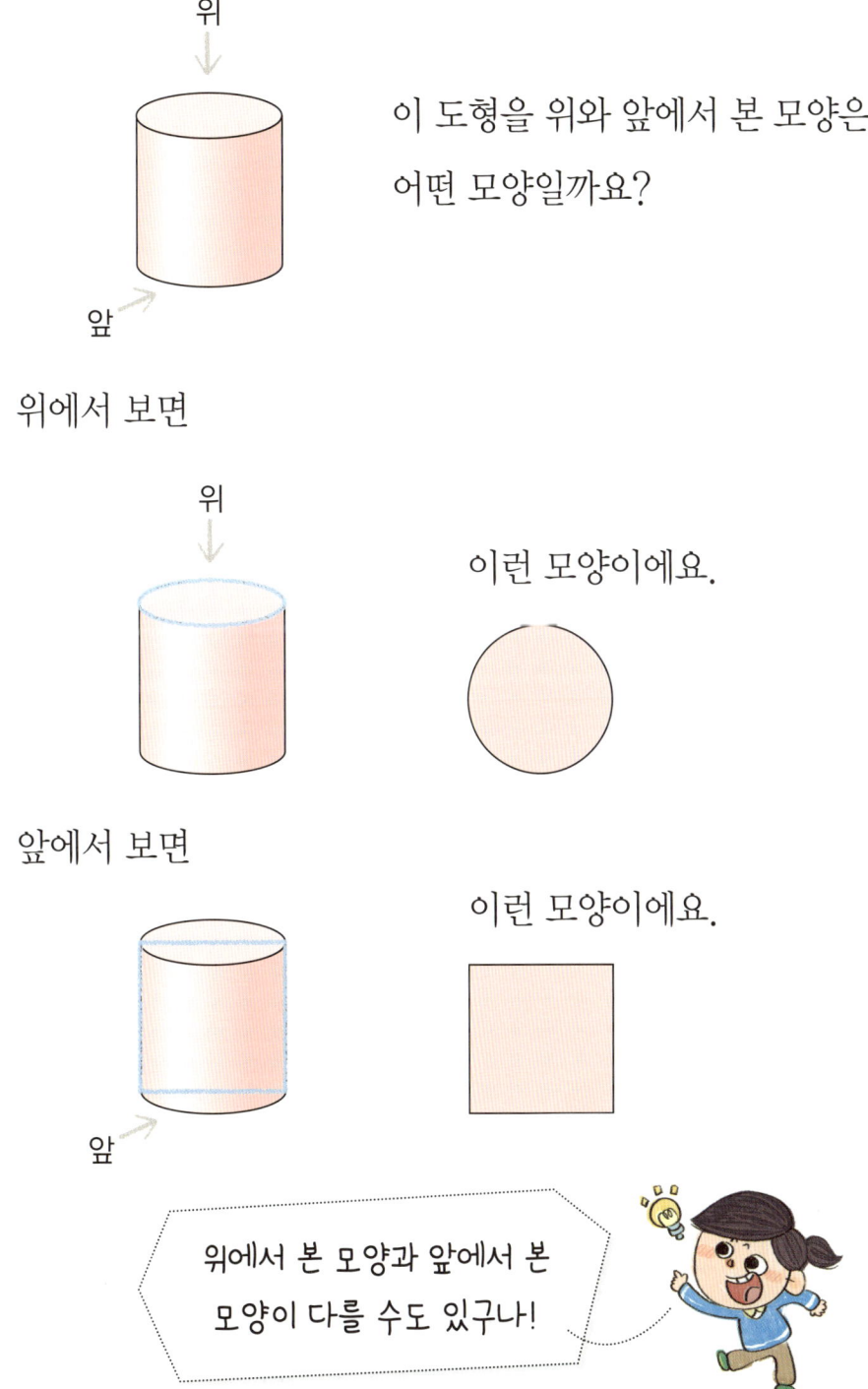

이 도형을 위와 앞에서 본 모양은 어떤 모양일까요?

위에서 보면

이런 모양이에요.

앞에서 보면

이런 모양이에요.

위에서 본 모양과 앞에서 본 모양이 다를 수도 있구나!

도형을 위와 앞에서 본 모양은 각각 어떤 모양일까요? 붙임 딱지 3

도형	위	앞
(정육면체)	□	□
(구)	○	○
(원기둥)	○	□

144

도형으로 의사결정나무를 만들어 봐요.
먼저 도형을 위에서 본 모양으로 나누어 볼까요?

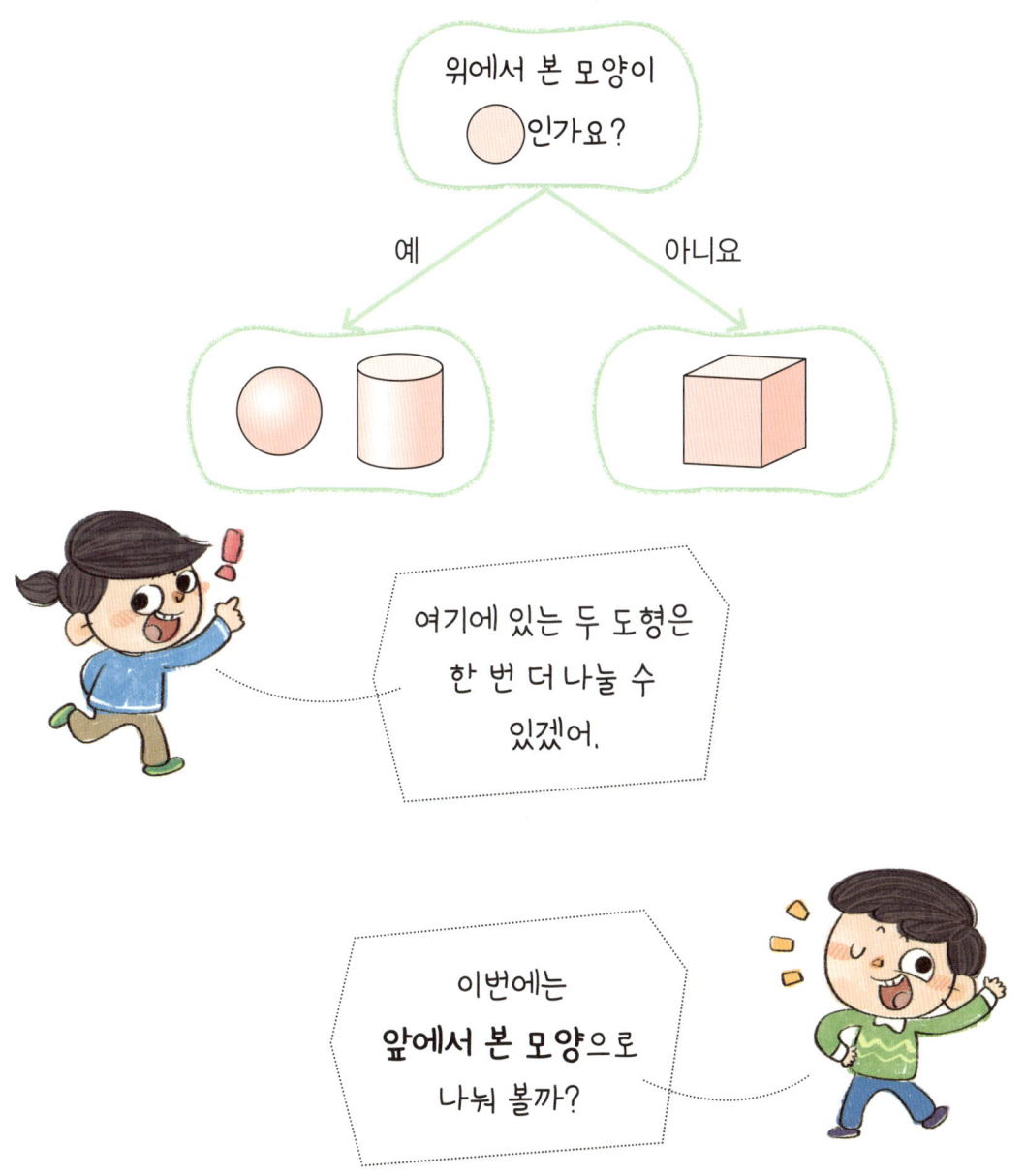

◯, ▯을 **앞에서 본 모양**으로 한 번 더 나누어 봐요.

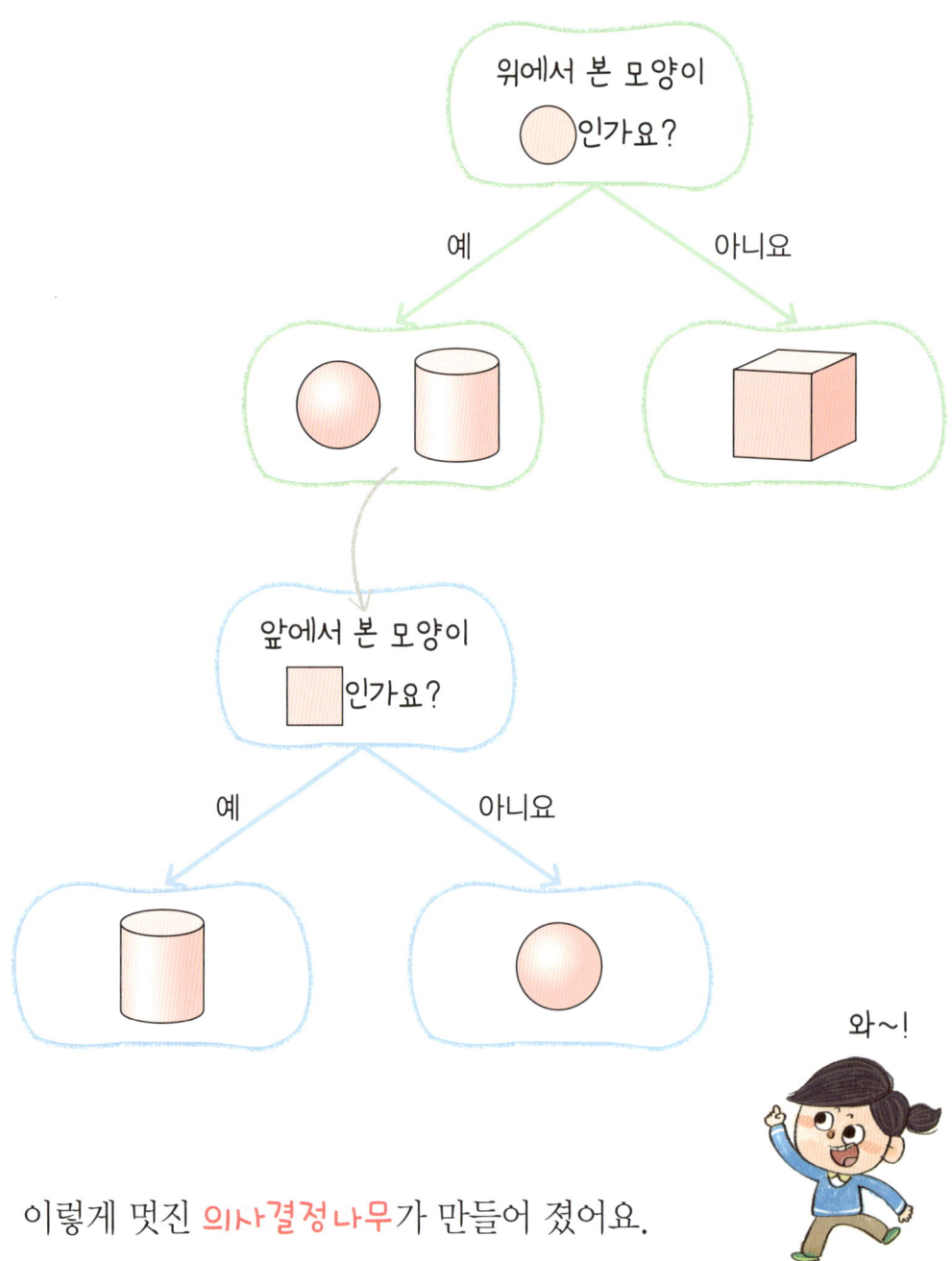

이렇게 멋진 의사결정나무가 만들어졌어요.

숫자로 의사결정나무를 만들어요

1부터 9까지의 숫자가 있어요.
이 숫자로 우리의 선택을 도와주는 의사결정나무를 만들어 볼까요?

화살표를 따라가면서 알맞은 숫자를 써 보세요.

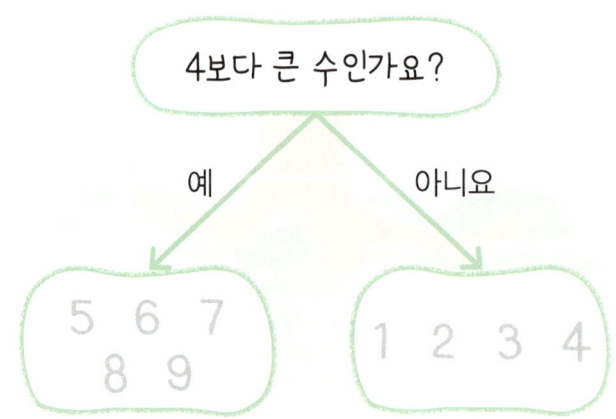

4보다 큰 수는 5, 6, 7, 8, 9이고,
4보다 크지 않은 수는 1, 2, 3, 4예요.

나무가 자라면서 나뭇가지와 나뭇잎이 펼쳐지는 것처럼 우리의 결정을 도와주는 나무도 자라면서 나뭇가지와 나뭇잎이 펼쳐져요.

그럼 5, 6, 7, 8, 9에서 나무를 조금 더 키워 볼까요?

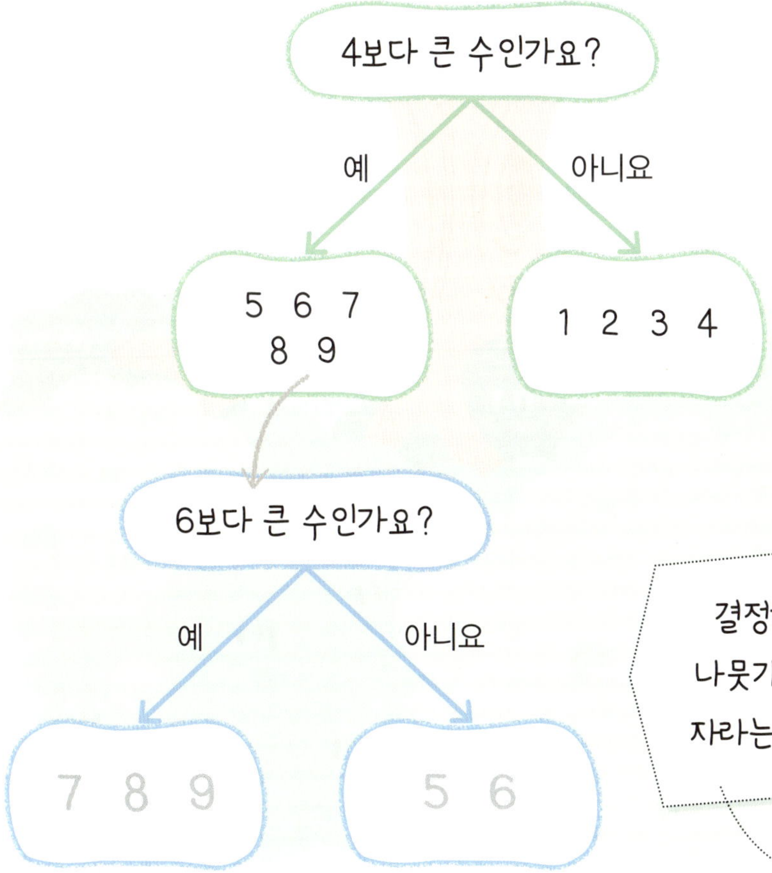

4보다 큰 수인가요?

예 / 아니요

5 6 7 8 9 / 1 2 3 4

6보다 큰 수인가요?

예 / 아니요

7 8 9 / 5 6

결정하는 과정이 나뭇가지, 나뭇잎이 자라는 것과 비슷해.

이번에는 1, 2, 3, 4에서 나무를 더 키워 봐요.

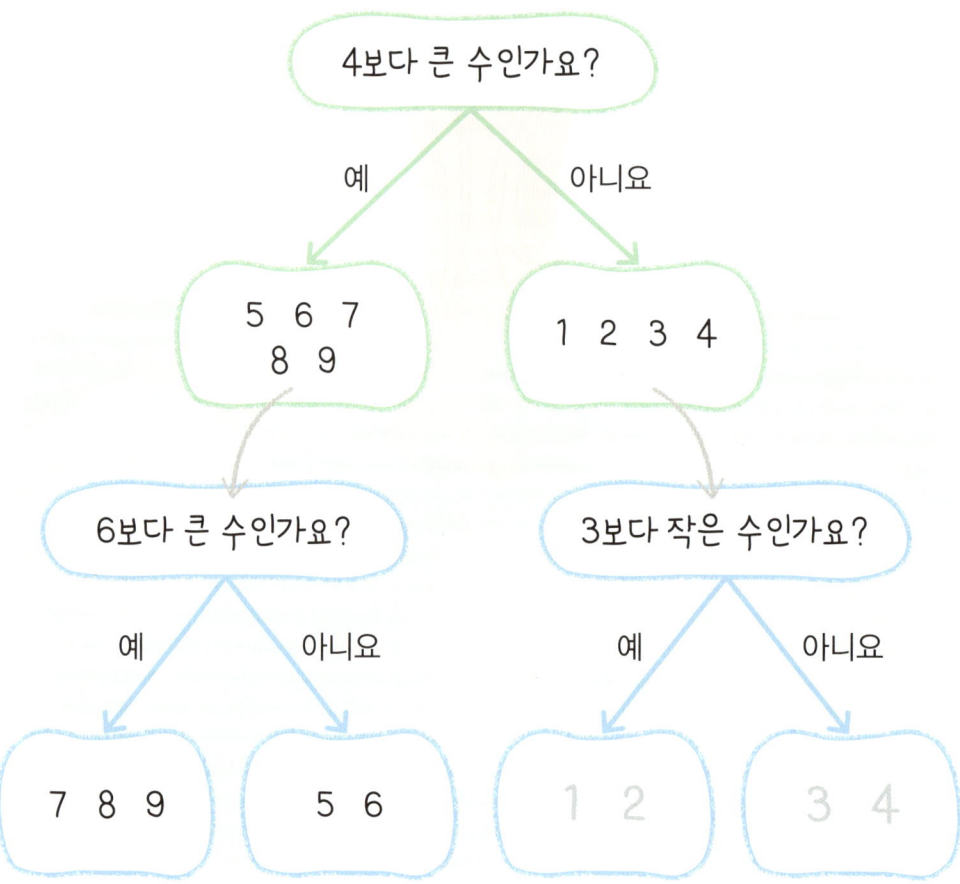

멋진 의사결정나무를 만들었어요.

우리가 만든 나무를 보고 알맞은 숫자를 찾아 볼까요?

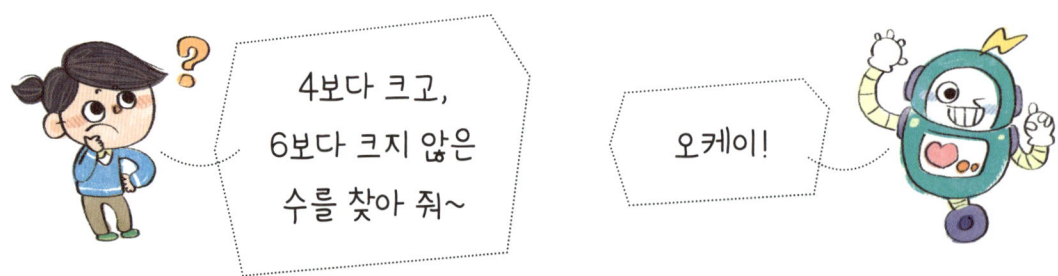

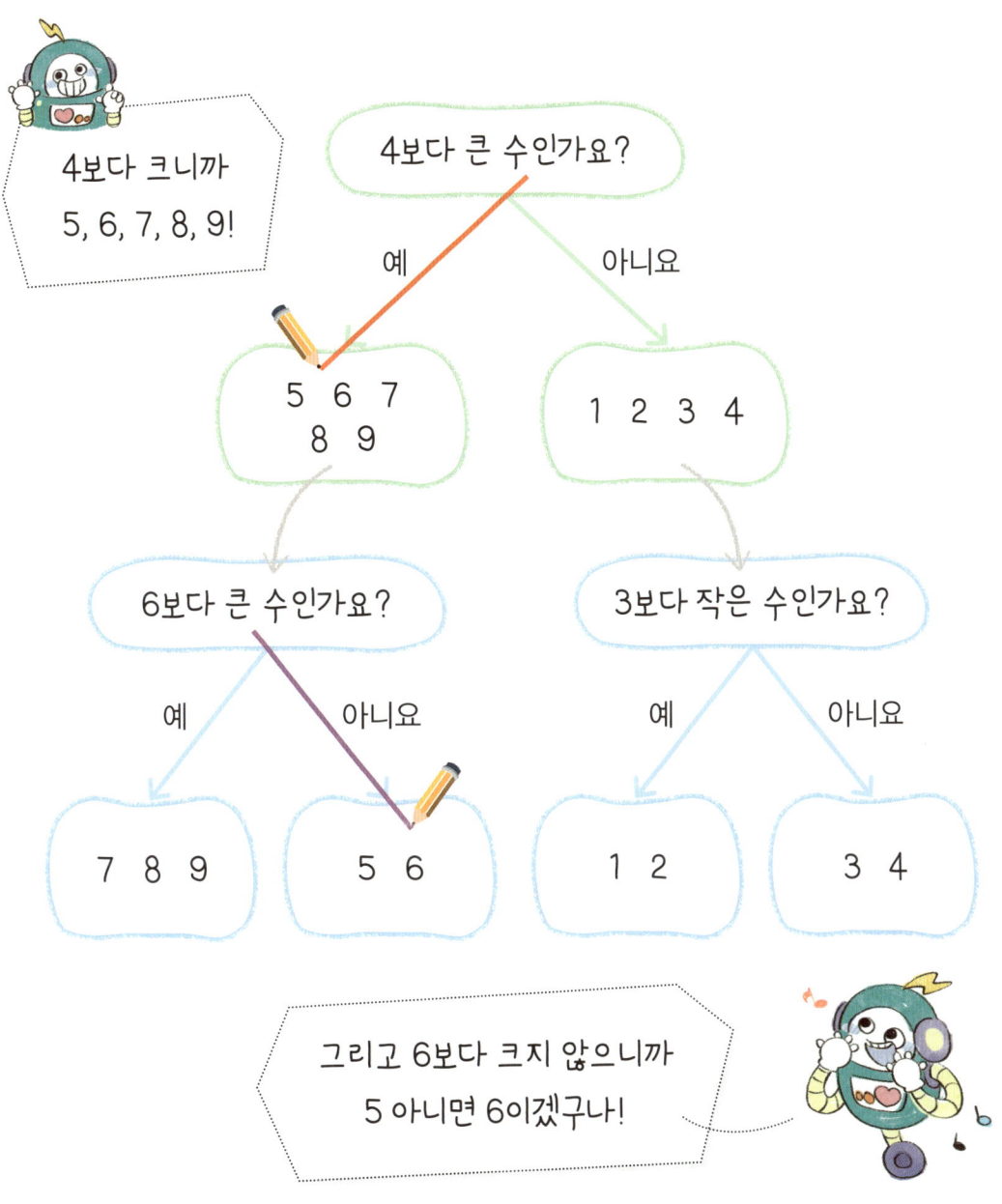

의사결정나무의 뿌리부터 잎까지 따라가면 알맞은 수를 찾을 수 있어요.

인공지능은 의사결정나무를 따라가며 가장 좋은 결정을 할 수 있답니다.

수학활동 으로 이해하는 인공지능

수수께끼를 맞혀라

활동 방법 ✿ 인원: 2명

❶ 카드를 잘 섞어 뒷면이 보이도록 놓습니다.

❷ 한 명이 카드 중 한 장을 골라 카드에 적힌 내용을 확인합니다.

❸ 다른 한 명은 질문을 하면서 카드에 적힌 것이 무엇인지 알아맞힙니다.
  ㉠ 숫자인가요?
    5보다 작은 숫자인가요?
    뾰족한 부분이 있나요?

❹ 문제를 알아맞히면 서로 역할을 바꾸어 ❷~❸의 과정을 반복합니다.

165쪽의 활동 자료를 사용해요.

활동 자료

1	2	3
4	5	6
7	8	9
■	▲	●

어떻게 불러야 할까요

와~ 놀이터다.

지우야, 놀이터에서는 조심해서 놀아야 해.

안녕~ 재희의 동생이구나?

언니다~ 언니!

언니가 아니라 누나라고 불러야 해.

언니?

누나?

활동 자료를 모아 놓았어요.
점선(-----)을 따라 가위로 오려서 사용해요.
가위를 사용할 때 다치지 않도록 조심해요.

활동 자료 (43쪽)

활동 자료

61쪽

- 이름:

- 가벼운 순서대로 용기의 기호 쓰기

- 걸린 시간:

- 이름:

- 가벼운 순서대로 용기의 기호 쓰기

- 걸린 시간:

105쪽 활동 자료

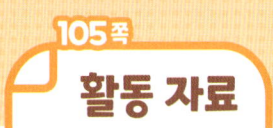

127쪽

활동 자료

163

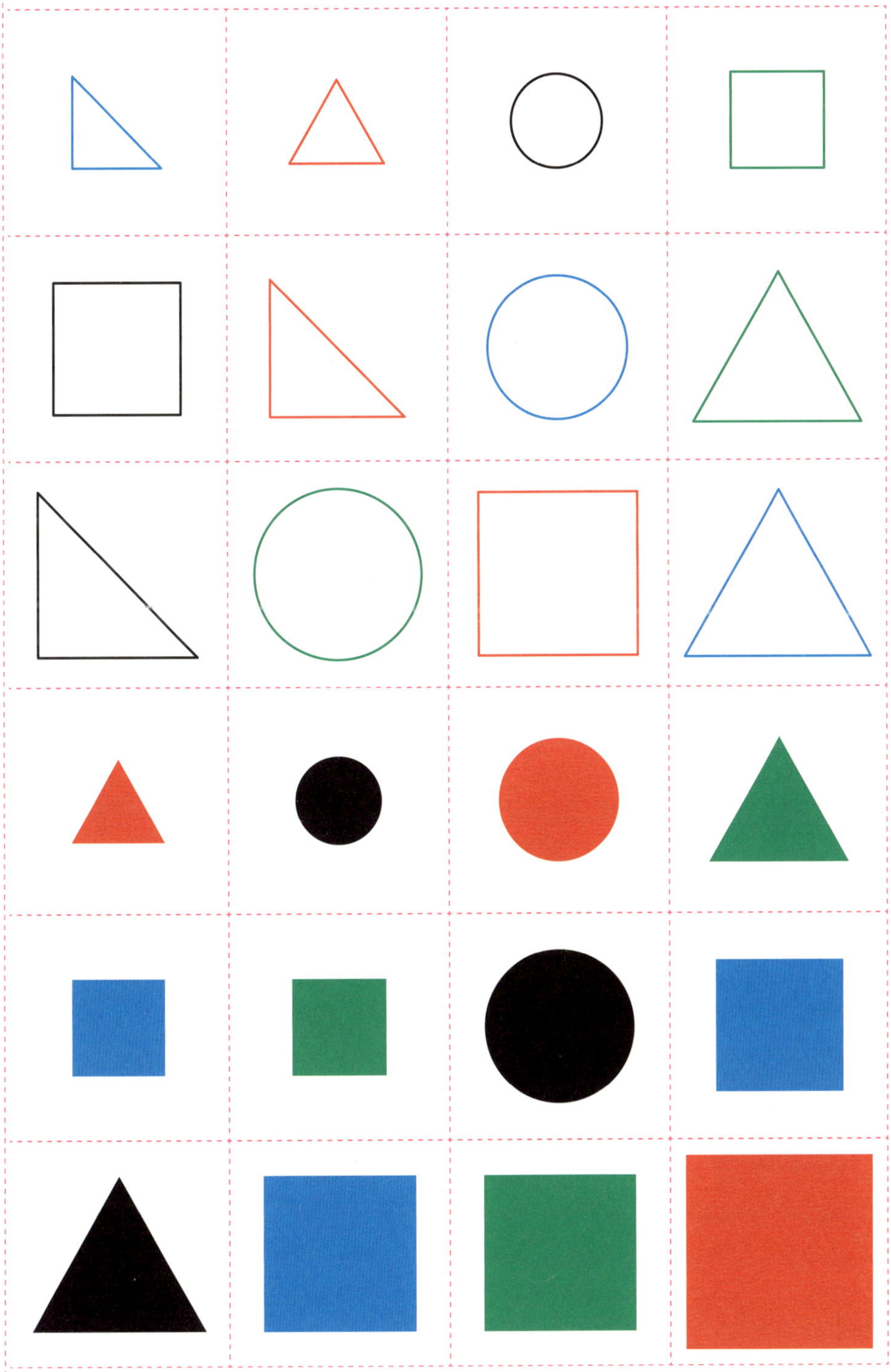

153쪽 활동 자료

1	2	3
4	5	6
7	8	9
■	▲	●

교과서 수학으로 배우는 인공지능 1

1판 1쇄 인쇄 | 2022.11.9.
1판 1쇄 발행 | 2022.11.21.

글 박만구 김영현 최현정 정현웅 박성식

발행처 김영사 | **발행인** 고세규
개발총괄 이한진 | **개발** 문준필 이은지
디자인 조성룡 이혜진 김용남 | **마케팅** 이철주 | **홍보** 박은경 조은우
등록번호 제406-2003-036호 | **등록일자** 1979.5.17.
주소 경기도 파주시 문발로 197 (우 10881)
전화 마케팅부 031-955-3129 | 편집부 031-955-3221 | 팩스 031-955-3111

값은 표지에 있습니다.
ISBN 978-89-349-5376-0   73500

좋은 독자가 좋은 책을 만듭니다. 김영사는 독자 여러분의 의견에 항상 귀 기울이고 있습니다.
전자우편 book@gimmyoung.com | 홈페이지 www.gimmyoungjr.com

어린이제품 안전특별법에 의한 표시사항

제품명 도서   **제조년월일** 2022년 11월 21일   **제조사명** 김영사   **주소** 10881 경경기도 파주시 문발로 197
전화번호 031-955-3129   **제조국명** 대한민국   ⚠ 주의 책 모서리에 찍히거나 책장에 베이지 않게 조심하세요.